⭐ 학습 계획표

날마다 학습하고 ● 스티커를 붙여 보세요.

학습일차	과목	내용	쪽수	미션완료 스티커
1일차	국어	바르게 앉아 쓰기	8	
	수학	1~50의 수	58	
		50~100의 수를 숫자로 쓰기	59	
	통합교과	안전하게 학교에 가요	98	
2일차	국어	자음자 바르게 쓰기	9	
	수학	모음자 바르게 쓰기	10	
		100까지 수의 순서(1), (2)	60, 61	
	통합교과	내 친구를 소개해요	99	
3일차	국어	낱말 바르게 쓰기(1), (2)	11, 12	
	수학	100까지 수의 크기 비교	62	
		수 배열에서 규칙 찾기	63	
	통합교과	친구와 동물 흉내 내기	100	
4일차	국어	틀린 글자 바르게 고쳐 쓰기	13	
	수학	10 이하 수의 덧셈	64	
		10 이하 수의 뺄셈	65	
	통합교과	접고 오리며 봄 꾸미기	101	
5일차	국어	문장부호의 이름과 쓰임	14	
		문장부호에 따라 띄어 읽기	15	
	수학	세 수의 계산(1)	66	
	통합교과	팔균처럼 팔랑!	102	
6일차	국어	명사의 반대말	16	
		동사의 반대말	17	
	수학	세 수의 계산(2)	67	
	통합교과	칭찬 상을 만들어요	103	
7일차	국어	꾸며 주는 말	18	
	수학	비슷한 말	19	
		몇십과 몇의 합 구하기	68	

학습일차	과목	내용	쪽수	미션완료 스티커
16일차	국어	누가 무엇을 하였는지 알아보기	36	
		글쓴이가 하고 싶은 말 알아보기	37	
	수학	뺄셈식으로 덧셈식 알기	77	
	통합교과	여름 날씨 메모	115	
17일차	국어	옛이야기를 읽고 일어난 일 알기	38	
	수학	동그라미, 세모, 네모 알기	78	
		사용한 모양 찾기	79	
	통합교과	바르게 인사해요	116	
18일차	국어	일이 일어난 차례 알기	39	
	수학	중심 낱말 찾기	40	
		여러 가지 모양 만들기	80	
	통합교과	이웃과 함께	117	
19일차	국어	인물의 생각 알아보기	41	
	수학	점판 위에 여러 가지 모양 그리기	81	
	통합교과	동네 한 바퀴	118	
20일차	국어	중요한 내용 알기	42	
		중요한 내용 간추리기	43	
	수학	모양 규칙 찾기	82	
		모양과 색 규칙 찾기	83	
	통합교과	우리 동네 소개하기	119	
21일차	국어	글쓴이가 경험한 일 알기	44	
	수학	넓이 비교하기	84	
		들이 비교하기	85	
	통합교과	이웃을 만나요	120	
22일차	국어	비슷한 경험 떠올리기	45	
	수학	몇 시 알기(1)	86	
		몇 시 알기(2)	87	

초등학교 선생님이 알려 주는

똑똑한 입학준비

실력쑥쑥 1학년

2

새내기 학부모에게 드리는 입학 선물
초등학교 선생님이 알려 주는 똑똑한 입학 준비

"선생님, 왜요?"

"선생님, 그건 왜 그런데요?"

초등학교에 갓 입학한 학생들이 가장 많이 하는 질문입니다.

아기자기한 유치원과는 달리 크고 복잡한 초등학교의 시스템이 아이들의 호기심을 자극하기 때문입니다. 이런 자녀를 둔 새내기 학부모들의 호기심은 그보다 더하면 더했지 덜하진 않습니다. 아이들이 1학년이면 학부모들도 1학년이 되는 까닭입니다. 아이들은 학교에 가서 직접 보고 듣고 느끼기라도 하지만, 집에서 모든 것을 수동적으로 들어야 하는 입장인 학부모들은 그저 모든 것이 궁금할 따름입니다. 입학 설명회라도 할라 치면 큰 강당이 발 디딜 틈이 없을 정도로 꽉 찹니다. 열의가 넘치는 학부모들의 질문은 끝도 없이 이어집니다.

"한글은 떼고 들어와야 하나요?"

"미리 교과서로 공부시키는 것이 좋은가요?"

"각 교과의 선행 학습은 얼마나 해야 하나요?"

당연히 학습에 대한 질문이 가장 많습니다. 학교에 대한 첫걸음인 만큼 내 아이의 첫발을 잘 딛게 하고픈 부모의 마음인 까닭입니다.

한글은 익히고 들어오는 것이 좋습니다.

동화책에 있는 문장을 어느 정도 읽을 수 있는 수준이면 됩니다. 쓰기가 완벽하진 않아도 불러 주는 말을 소리 나는 대로라도 쓸 정도이면 됩니다. 기초적인 읽기와 쓰기가 안된 아이들은 맥락을 이해하지 못해 교과과정을 따라가기에 벅차하는 까닭입니다.

선행 학습은 하는 것이 좋습니다.

우리가 낯선 곳으로 여행을 떠날 때 만반의 준비를 하는 것과 같은 이치입니다. 4박 5일의 여행을 가는데도 여권 준비부터 그곳의 지리와 역사·문화가 담긴 책자를 구입하는데, 하물며 초등학교 1학년이라는 365일의 기나긴 학습 여행을 떠나는데 아무 준비도 하지 않고 덜컥 입학만 한다면 아이는 불안하겠지요. 여행지에 대한 정보가 알차게 담긴 책자를 고르듯, 새내기 학습을 위한 길잡이가 될 제대로 된 책을 고르는 것이 필요합니다. 초등학교 1학년 교과과정과 연계된 책이라면 선행 학습의 효과가 더욱 큰 것은 두말할 나위도 없습니다.

교과서를 미리 공부하는 것은 금물입니다.

앞으로 배울 교과서를 들이밀어 예습을 시키는 행위는 점심으로 자장면을 먹었는데 저녁도 자장면을 먹는 이치와 같습니다. 똑같은 교과서로 미리 공부를 한 대부분의 아이들은 흥미를 잃어 수업 시간에 집중하지 않고 딴짓을 합니다. 선행 학습을 하고 싶다면 교과서가 아닌, 교육과정을 제대로 파악하고 만든 학습지를 구입해서 공부하는 것이 좋습니다. 나중에 공부한 내용이 수업 시간에 나오게 되면 '어, 이건 내가 아는 건데.' 하면서 자신감을 갖게 되어 선생님 말씀에 집중하는 결과를 가져오게 됩니다.

〈초등학교 선생님이 알려 주는 똑똑한 입학 준비〉는 이런 고민을 하는 새내기 학부모들의 바람을 충족시켜 주기에 충분한 책입니다.

각 교과의 전문 선생님들이 모여 초등학교 1학년뿐만 아니라 2학년 1학기 과정에서 중요한 내용을 선별하여, 아이들의 잠재된 지적 창의력을 뽑아낼 수 있도록 심혈을 기울여 만들었습니다. 게임을 하듯 일정 수준이 되면 단계별로 도전할 수 있도록 오름식으로 만들었기에 아이들은 쉽고 재미있게 풀 수 있을 것입니다.

1단계에서 기초적으로 알아야 할 과정을 맛본 아이들은, 도전 의식을 느끼며 1학년 과정인 2단계로 넘어갈 것이고, 지적 호기심에 불이 붙은 아이들은 더 나아가 2학년 1학기 때 배워야 할 3단계까지 도전하려고 할 것입니다.

아이들을 사랑하는 선생님들이 모여 만든 초등 1학년을 밝혀 줄 길라잡이 책으로 내 아이가 초등학교 입학 전 갖추어야 하는 능력에 대한 불안감을 말끔하게 해결하기 바랍니다.

정명숙 | 유석 초등학교 선생님

★ 차례

3교시 통합교과

국어

초등 1학년 국어 교과 내용을 어휘력, 쓰기, 독해 영역으로
학습해 봄으로써, 초등 1학년 국어 실력을 갖출 수 있습니다.

어휘력

1학년 교과서에 나오는
어휘들을 종류별로
배웁니다.

쓰기

낱글자, 낱말, 문장 쓰기를
기초부터 정확하게
익힙니다.

독해

여러 가지 글을 읽고 물음에
답해 봄으로써 이해력이
자랍니다.

바르게 앉아 쓰기

예진이가 바른 자세로 앉아 글씨를 쓰고 있어요. 아래 그림에서 연필을 바르게
잡은 손을 찾아 ○하세요.

● 쏠쏠정보 ●

연필을 잡을 때에는 엄지손가락과
집게손가락의 모양을 둥글게 하고,
가운뎃손가락으로 연필을 받칩니다.

자음자 바르게 쓰기

1-1 국어 가-❷ 재미있게 ㄱㄴㄷ

토끼가 한글을 만든 세종대왕을 만나러 가요. 빈칸에 자음자를 써 보고, 토끼가 가는 길을 따라가며 차례대로 자음자를 써 보세요.

기역	니은	디귿	리을	미음	비읍	시옷
ㄱ	ㄴ	ㄷ	ㄹ	ㅁ	ㅂ	ㅅ

이응	지읒	치읓	키읔	티읕	피읖	히읗
ㅇ	ㅈ	ㅊ	ㅋ	ㅌ	ㅍ	ㅎ

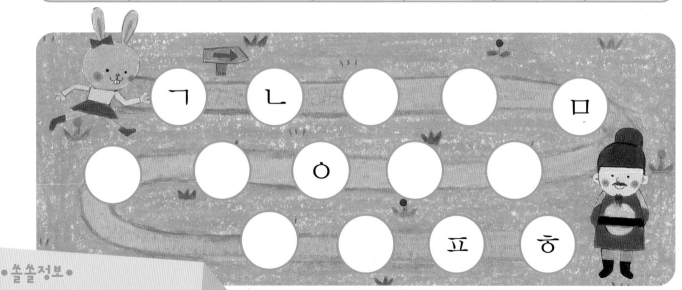

● 쏠쏠정보

한글의 자음자는 모두 14자예요.
자음자는 순서에 맞게 써야 해요.

모음자 바르게 쓰기

다람쥐가 한글을 만든 세종대왕을 만나러 가요. 빈칸에 모음자를 써 보고,
다람쥐가 가는 길을 따라가며 차례대로 모음자를 써 보세요.

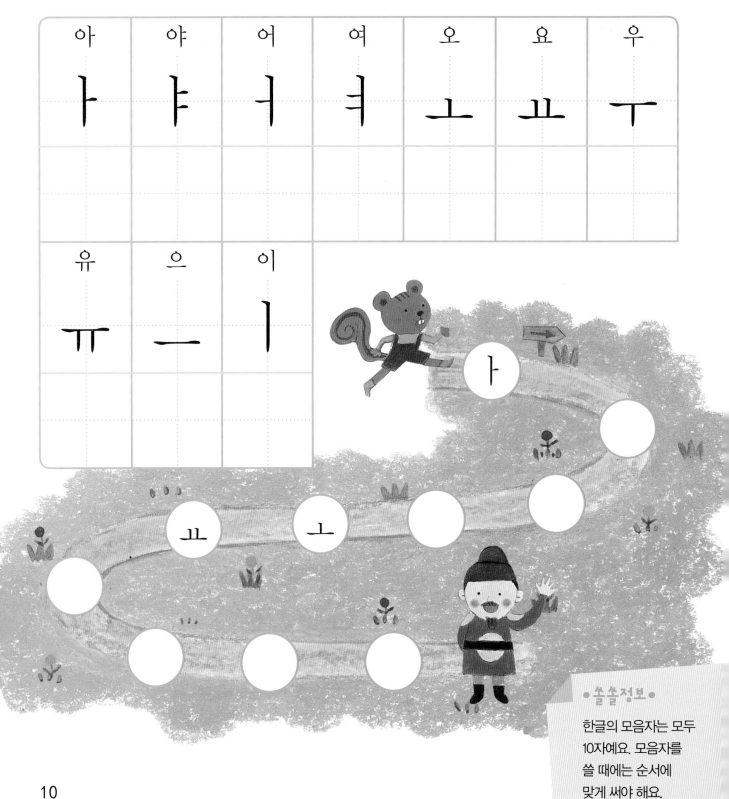

아	야	어	여	오	요	우
ㅏ	ㅑ	ㅓ	ㅕ	ㅗ	ㅛ	ㅜ

유	으	이
ㅠ	ㅡ	ㅣ

쏠쏠정보

한글의 모음자는 모두
10자예요. 모음자를
쓸 때에는 순서에
맞게 써야 해요.

낱말 바르게 쓰기 (1)

가족들이 미라의 생일을 축하하고 있어요. 그림을 보고 알맞은 낱말을
〈보기〉에서 골라 써 보세요.

| 보기 | 노래 | 박수 | 케이크 | 선물 |

미라가 [   ] 를 자릅니다.

어머니가 [   ] 을 줍니다.

아버지는 [   ] 를 칩니다.

동생이 [   ] 를 부릅니다.

낱말 바르게 쓰기 (2)

토끼의 생일날, 동물 친구들이 놀러 왔어요. 축하를 하러 온 동물 친구들의
이름을 〈보기〉에서 골라 써 보세요.

보기 곰   사자   오리   타조   파리   하마

위의 동물 가운데 곤충은 누구일까요?

틀린 글자 바르게 고쳐 쓰기

1-1 국어 가-❹ 글자를 만들어요

다정이와 은빈이가 쓴 일기예요. 틀린 글자를 바르게 고쳐 써 보세요.

1 다정이의 일기

은빈이랑 숨박꼭질 놀이를 하였다. 나무 그늘에 안자 음식도 나누어 머거따.
오늘은 은빈이랑 친해지고 즐거운 날이었다.

숨박꼭질	안자	머거따

숨	바	꼭	질

앉	아

먹	었	다

2 은빈이의 일기

다정이랑 놀다가 너무 느져서 꾸중을 들었다. 엄마께서 숙제도 만흔데 언제
다할 거냐고 화를 내셨다. 다음부터는 늦지 않게 집에 와야겠다.

느져서	만흔데

늦	어	서

많	은	데

● 쏠쏠정보 ●

글자를 쓸 때에는 소리 나는 대로
적으면 안 되는 낱말이 많아요.

문장부호의 이름과 쓰임

1-2 국어 나-**8** 띄어 읽어요

문장의 뜻을 돕거나 알아보기 쉽게 하기 위하여 여러 가지 문장부호를 써요.

1 문장부호와 이름을 따라 써 보세요.

| 온 | 점 | 반 | 점 | 느 | 낌 | 표 | 물 | 음 | 표 |

2 다음 문장의 끝에 들어갈 문장부호를 써 보세요.

① 내 이름은 다정이야

② 나는 숲속 유치원에 다녀

③ 너는 이름이 뭐니

④ 내 이름은 지우야

⑤ 다정아 만나서 반가워

●솔솔정보●
- 온점(.)은 문장 끝에 써요.
- 반점(,)은 부르는 말 뒤에 써요.
- 느낌표(!)는 느낌을 나타내는 문장 끝에 써요.
- 물음표(?)는 묻는 문장 끝에 써요.

다람이가 토순이에게 편지를 쓰고 있어요. 문장부호에 따라 띄어 읽는 방법을
알고 'ⅴ'와 'ⅴⅴ'표를 해 보세요.

| 다 | 람 | 아 | ,ⅴ | 뭐 | 하 | 니 | ? | ⅴⅴ | |

| 아 | ! | ⅴⅴ | 편 | 지 | | 써 | 요 | .ⅴⅴ | |

토순아, ▢

동생 별명을 깡총이라고 지었구나. ▢

참 귀엽다! ▢ 짧은 다리로 깡총깡총

뛰어다닐 깡총이가 보고 싶어. ▢

깡총이와 함께 우리 집에 놀러 올래? ▢

•쏠쏠정보•

• 반점(,) 뒤에는 'ⅴ'표를 하고
조금 쉬어 읽어요.

• 온점(.), 느낌표(!),
물음표(?) 뒤에는 'ⅴⅴ'표를
하고 조금 더 쉬어 읽어요.

명사의 반대말

시골에 사는 정호네와 도시에 사는 원희네 가족이에요. 어떤 점이 다른지
찾아보세요.

시골 의 반대말은 〔   〕 입니다.

〔   〕 의 반대말은 여자 입니다.

아버지 의 반대말은 〔   〕 입니다.

〔   〕 의 반대말은 아들 입니다.

● 쏠쏠정보 ●

뜻이 서로 정반대 관계에 있는
말을 '반대말' 또는 '반의어'라고 해요.

동사의 반대말

민서가 보물을 찾으러 떠났어요. 밑줄 친 말의 반대말을 〈보기〉에서 찾아
빈칸에 써 보세요.

| 보기 | 가볍다 | 내리다 | 빼다 | 지다 |

보물섬으로 가는 마차를 <u>타다.</u>

구멍에 열쇠를 <u>넣다.</u>

해적과 싸워 <u>이기다.</u>

보물을 담은 상자가 <u>무겁다.</u>

17

꾸며 주는 말

1-1 국어 나-❼ 생각을 나타내요

다람쥐가 집으로 돌아와 무엇을 하고 있나요? 그림을 잘 보고 알맞은 꾸며 주는 말에 ○하세요.

다람쥐가 손을

깨끗이
신나게

씻습니다.

다람쥐가 도토리를

슬프게
맛있게

먹습니다.

다람쥐가

방긋방긋
맛있게

웃습니다.

귀여운
맛있는

다람쥐가 새근새근 잠을 잡니다.

●쏠쏠정보●

꾸며 주는 말을 넣어 글을 쓰면 자세하고 실감나요. '수식어'라고도 해요.

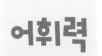
두더지 가족이 딸의 사윗감을 찾아 나섰어요. 밑줄 친 말과 비슷한 말을
〈보기〉에서 찾아 빈칸에 써 보세요.

| 보기 | 동무 | 식구 | 이유 | 차례 |

두더지 <u>가족</u>은 사윗감을 찾아 나섰어요.

신랑감들을 <u>순서</u>대로 만났어요.

두더지 총각과 결혼한 <u>까닭</u>은?

<u>친구</u>들이 결혼을 축하해 주었어요.

●쏙쏙정보●

바꾸어 써도 뜻이 통하는
말이에요. '유의어'라고 해요.

유나의 얼굴은 기분에 따라 달라져요. 얼굴 표정에 어울리는 말을 찾아 선으로 이어 보세요.

　　　　•

•　기뻐요

　　　　•

•　화나요

　　　　•

•　슬퍼요

　　　　•

•　무서워요

어휘력

여러 가지 인사말

난정이가 사람들을 만나 인사를 해요. 때와 장소에 어울리는 알맞은 인사말을
찾아 선으로 이어 보세요.

잘 가! 전학
가서도 잘 지내.

안녕하세요?
선생님!

예쁘다고
말해 줘서 고마워.

할아버지, 생신을
축하 드려요.

흉내 내는 말

1-2 국어 가-❷ 소리와 모양을 흉내 내요

동물들이 무엇을 하고 있나요? 바르게 흉내 낸 말을 찾아 선으로 이어 보세요.

1 소리를 흉내 낸 말

   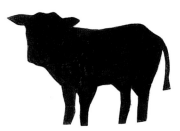

삐악삐악　　　짹짹　　　음매　　　멍멍

2 모습이나 움직임을 흉내 낸 말

꼬불꼬불　　　어슬렁어슬렁　　　데굴데굴

●쏠쏠정보●

흉내 내는 말은 소리를 흉내 내는 말과
모습이나 움직임을 흉내 내는 말이 있어요.

높임말

1-1 국어 나-**7** 생각을 나타내요

윗어른들께는 어떤 말을 써야 할까요? 그림을 잘 보고 높임말을 바르게 쓴 것에 ○하세요.

오늘은 할아버지

생신
생일

입니다.

할머니,

밥
진지

드세요.

아버지

가
께서

신문을 보십니다.

어머니께서

말하였습니다.
말씀하셨습니다.

일이 일어난 차례를 나타내는 말

1-1 국어 나-7 생각을 나타내요

깜깜한 밤에 착한 혹부리 영감에게 무슨 일이 일어났을까요? 〈혹부리 영감〉을
읽고 일이 일어난 차례를 나타내는 말을 찾아 써 보세요.

혹부리 영감

밤이 깊었습니다. 혹부리 영감은 길을 잃고
헤매다가 마침내 허름한 빈집을 찾았습니다.
잠시 뒤, 도깨비들이 나타났습니다. 혹부리
영감과 밤새도록 놀던 도깨비들은 혹에서
노래가 나온다고 생각하였습니다.
그래서 혹을 떼어 냈습니다. 이튿날 아침이 되자,
혹부리 영감은 덩실덩실 춤을 추며 마을로 내려갔습니다.

시간을 나타내는 말		이어 주는 말
	밤	
	마침내	
	그래서	
	이튿날	
	아침	
	잠시 뒤	

24

어휘력 **기분을 좋게 하는 말**

1-2 국어 나-❻ 고운 말을 해요

어떤 말을 들으면 기분이 좋을까요? 〈보기〉에 있는 말 가운데 기분을 좋게 하는 말은 양의 풍선에, 기분을 상하게 하는 말은 늑대의 쓰레기통에 써 주세요.

| 보기 | 고마워요 | 미워요 | 반가워요 | 사랑해요 |
| | 싫어요 | 저리 비켜 | 짜증나요 | 행복해요 |

기분을 좋게 하는 말

기분을 상하게 하는 말

25

느낌을 재미있는 말로 나타내기 (1)

하율이는 가족에 대한 느낌을 재미있는 말로 나타내 보았어요. 오감을 통해 느낀 생각과 어울리는 말을 〈보기〉에서 찾아 쓰세요.

보기   매운   보들보들   웃음   할미꽃   향수

1 할머니의 굽은 허리를 👁️ 으로 보면

   [⬚] 생각이 나요.

2 엄마의 냄새를 👃 로 맡으면 [⬚] 냄새가 나요.

3 아버지의 호탕한 [⬚] 소리를 👂 로 들었을 때 가장 행복해요.

4 내가 가장 좋아하는 떡볶이를 👄 으로 맛보면

   [⬚] 맛이 나요.

5 아기의 뺨을 ✋ 으로 만지면 [⬚] 해요.

●쏠쏠정보●

느낌은 마음으로 느끼는 감정과,
오감으로 느끼는 것을 모두 포함해요.

26

비슷하게 닮은 말로 바꾸어 나타내는 것을 비유라고 해요. 〈보기〉에서 알맞은 비유를 찾아 바꾸어 써 보세요.

보기   라면   밤송이   번개   보물   설탕

1 아빠의 수염을 만져 보면 따가워요.

➡ [   ] 처럼 따가운 아빠 수염.

2 엄마의 머리카락이 꼬불꼬불해요.

➡ [   ] 처럼 꼬불꼬불한 엄마의 머리카락.

3 내 동생은 달리기를 잘해요. ➡ [   ] 처럼 빠른 내 동생.

4 곰 인형은 소중한 친구예요.

➡ [   ] 처럼 소중한 곰 인형.

5 솜사탕 맛은 달콤해요.

➡ [   ] 처럼 달콤한 솜사탕.

●쏙쏙정보●

비유는 사물을 직접 설명하지 않고 비슷한 사물에 빗대어 설명하는 것을 말해요.

소리와 글자가 다른 낱말 쓰기 (1)

미정이가 학교를 찾아가요. 바르게 쓰인 낱말이 있는 팻말을 따라가 학교를 찾은 다음, 잘못 쓴 낱말을 바르게 고쳐 써 보세요.

왜삼촌	풀닙	그런대	칭구
⬇	⬇	⬇	⬇
외 삼 촌	풀 잎	그 런 데	친 구

소리와 글자가 다른 낱말 쓰기(2)

영미가 외할머니 집에 갔다 와서 쓴 글이에요. 바르게 쓰인 낱말에 ○하고, 아래 빈 곳에 완성된 문장을 써 보세요.

오래
올해

추석에도 외할머니 집에 갔다.

도로에 차가

많아
마나

힘들었다.

가을바람에

나문닙
나뭇잎

들이 살랑거렸다.

땅에는

도토리
도톨이

도 떨어져 있었다.

포함하는 낱말, 포함되는 낱말 쓰기

포함되는 낱말이 큰말일까요? 포함하는 낱말이 큰말일까요? 아래에서 알맞은 낱말을 찾아 빈칸에 써 넣으세요.

포함되는 낱말		포함하는 낱말
봄 소나무 제비	<	곤충 책 운동

1 **나비** , 벌, 잠자리는 ⬚ 입니다.

2 ⬚ , 여름, 가을, 겨울은 **계절** 이름입니다.

3 ⬚ , 대나무, 전나무는 **나무** 입니다.

4 **동화책** , 그림책, 위인전은 ⬚ 입니다.

5 ⬚ , 참새, 까치는 **새** 입니다.

6 **축구** , 야구, 줄넘기는 ⬚ 입니다.

● 쏠쏠정보 ●

다른 낱말의 뜻을 포함하는 낱말은 큰말이고, 다른 낱말의 뜻에 포함되는 낱말은 작은말이에요.

느낌을 흉내 내는 말로 쓰기

〈닮고 싶은〉이라는 동시를 소리 내어 읽어 보세요. 시의 느낌을 더 생생하고
실감나게 해 주는 흉내 내는 말을 찾아 써 보세요.

닮고 싶은

정명숙

해님을 닮고 싶은
해바라기 동글동글

바람을 닮고 싶은
바람개비 빙글빙글

1 '매우 동그란 모양'을 뜻하는 흉내 내는 말은 무엇일까요?

→ 의태어예요.

2 '잇따라 미끄럽게 자꾸 도는 모양'을 뜻하는 흉내 내는 말은 무엇일까요?

→ 의태어예요.

3 해바라기와 바람개비가 닮고 싶어 하는 것은 무엇일까요?

 ➡ 　　　 ➡

칭찬하는 글

동물들이 함께 놀고 있어요. 그림을 보고 동물의 행동에서 칭찬할 점을 찾아 빈 곳에 따라 써 보세요.

1 좋은 점을 칭찬합니다.

거북이는 마음이 착해서 참 좋습니다.

2 잘하는 점을 칭찬합니다.

원숭이는 거꾸로 매달리기를 잘합니다.

지우는 어떤 동물을 소개하고 있어요. 소개하는 것이 무엇인지 쓰고,
소개하려는 것의 특징을 따라 써 보세요.

이 동물의 수컷은 할아버지처럼
수염이 나요. 평소에는 순하지만
화가 나면 딱딱한 뿔로 들이받으며
싸워요. 풀이나 나뭇잎을 좋아하지만
종이를 먹기도 해요.

1 지우가 소개하고 있는 것은 무엇인가요?

2 소개하려는 것의 특징을 찾아 보고 빈 곳에 따라 써 보세요.

수컷은 할아버지처럼 수염이 나요.

화가 나면 딱딱한 뿔로 들이받으며 싸워요.

일기에 알맞은 제목 쓰기

1-2 국어 나-**9** 겪은 일을 글로 써요

건우가 쓴 일기예요. 일기에서 빠져 있는 제목을 〈보기〉에서 골라 빈 곳에 써 보세요.

건우의 일기

9월 9일 토요일   날씨 매우 더움 ——————— 날짜, 요일, 날씨를 모두 써요.

제목 : _____ —————— 제목은 내용에 어울리게 써요.

숙제를 하는데 내 동생 지우가 함께 놀아 달라고

하였다. 하지만 귀찮아서 놀아 주기 싫었다.

그랬더니 엄마한테 이른다고 칭얼거렸다. ——————— 제목에 알맞은 내용을 써요. 내가 겪은 일을 자세히 써요. 생각이나 느낌을 솔직하게 써요.

그래서 어쩔 수 없이 놀아 주었다. 지우는 무척

재미있어 하였다. 앞으로 동생과 많이

놀아 주어야겠다는 생각이 들었다.

보기

내 동생과 놀아 주기   내 동생

지우와 놀아 주기   지우

쏠쏠정보

일기에 제목을 붙이는 까닭은 쓸 거리를 미리 정하고, 내용을 한눈에 알아볼 수 있게 하기 위해서예요.

나영이가 우혁이의 생일잔치에 다녀왔어요. 그림일기에서 빠진 부분에 있는 흐린 글자를 따라 써 보세요.

날짜	5월 31일 토요일 맑고 따뜻함.	날짜, 요일, 날씨를 모두 써요.
그림		가장 중요한 내용을 그려요.
글	우 혁 이　집 에 서　생 일 잔 치 를　했 다 . 　케 이 크 와　과 자 도 먹 고　친 구 들 과　신 나 게　놀 았 다 . 참　재 미 있 었 다 .	가장 기억에 남는 내용을 쓰고, 내 느낌도 써요.

누가 무엇을 하였는지 알아보기

서영이가 쓴 글이에요. 글을 읽고 글쓴이가 무엇을 하였는지 알아보고 빈 곳에 따라 써 보세요.

동화책 찾기

독후감을 쓰려고 동화책을 찾았다. 그런데 책상 위에 없었다. 책가방에도 없었다. 한참 만에 침대에서 찾아냈다. 어젯밤에 동화책을 보다가 침대에 그냥 두었나 보다. 동화책을 제자리에 두지 않아 찾는 데 시간이 많이 걸렸다.

●쏠쏠정보●

글을 읽을 때에 누가 무엇을 하였는지 알아보면 글의 내용을 쉽게 알 수 있어요.

1 누가 한 일인가요?

2 무엇을 하였나요?

동화책을 찾으러 다녔다.

3 서영이가 동화책을 찾아본 곳은 어디인가요?

책상 위				

글쓴이가 하고 싶은 말 알아보기

동생이 음식 투정을 부리고 있어요. 글을 읽고 빈 곳에 알맞은 답을 써 보세요.

나와 동생은 쌍둥이처럼 닮았지만
음식 먹는 습관이 많이 다릅니다.
나는 무엇이든 가리지 않고 잘 먹지만
동생은 좋아하는 것만 골라 먹습니다.
내 동생은 햄과 고기가 없으면 밥을 먹지
않겠다고 투정을 부립니다.
나는 동생이 음식을 골고루 먹었으면
좋겠습니다.

1 나와 내 동생의 음식 먹는 습관은 어떻게 다른가요?

무엇이든 가리지 않고 잘 먹는다.

2 동생이 좋아하는 반찬은 무엇일까요?

3 글쓴이가 동생에게 하고 싶은 말은 무엇인가요?

37

옛이야기를 읽고 일어난 일 알기

'옛날 옛적에~'로 시작하는 옛이야기를 읽어 본 적 있나요? 어떤 일이 일어났는지 생각하며 〈이상한 맷돌〉을 읽고 빈 곳에 알맞은 답을 써 보세요.

이상한 맷돌

옛날 옛적에 한 임금님이 보물을 가지고 있었어요. '나와라, 쌀!' 하면 쌀이 나오고, '그쳐라, 쌀!' 하면 뚝 그치는 신기한 맷돌이었지요.
어느 날 도둑이 궁궐에 들어와 맷돌을 훔쳐 갔어요. 도둑이 '나와라, 소금!' 하자 소금이 잔뜩 쏟아졌어요. 하지만 도둑은 '그쳐라, 소금!' 하는 말을 잊어버리고 말았어요.
결국 배는 가라앉았고, 지금도 맷돌은 바닷속에서 쉬지 않고 돌아가고 있어요. 바닷물이 짠 까닭을 이제 알겠지요?

1 언제 있었던 일인가요?

2 바닷속에서 맷돌이 쉬지 않고 돌아서 결국 어떻게 되었나요?

3 옛이야기라는 것을 알 수 있는 낱말을 찾아 써 보세요.

옛날 옛적에

일이 일어난 차례 알기

1-1 국어 나-**7** 생각을 나타내요

〈이상한 맷돌〉 이야기를 알고 있나요? 일이 일어난 차례에 맞게 빈칸에 번호를
써 보세요.

임금님이 신기한 맷돌을
가지고 있었어요.

배를 탄 도둑은 '나와라,
소금!'이라고 외쳤어요.

도둑이 궁궐에 들어와
맷돌을 훔쳐 갔어요.

맷돌은 도둑과 함께
바닷속에 가라앉고
말았어요.

설날에 먹는 대표적인 음식은 무엇일까요? 글을 읽고 중심 낱말을 찾아 빈 곳에 알맞은 답을 써 보세요.

떡국

떡국은 설날에 먹는 대표적인 음식이에요.
떡국은 하얀 가래떡을 어슷썰기로 얇게
썰어 맑은 장국에 넣어 끓인 음식이에요.
옛사람들은 떡국 한 그릇을 먹어야 나이를
한 살 더 먹는다고 생각했어요.
떡국을 먹는 풍속은 지방에 따라
달랐어요. 특히 평안도나 황해도에서는
떡국보다 만둣국을 끓여 먹는 경우가
많았다고 해요.

1 이 글의 중심 낱말은 무엇일까요?

2 떡국은 언제 먹는 대표적인 음식일까요?

3 옛사람들은 떡국 한 그릇을 먹으면 무엇도
따라 한 살 더 먹는다고 생각했나요?

40

●쏠쏠정보●

중심 낱말을 찾으려면 먼저 제목이
무엇인지 알아보고, 여러 번 나온 낱말을
찾아보면 쉽게 알 수 있어요.

인물의 생각 알아보기

1-2 국어 나-⑩ 인물의 말과 행동을 상상해요

바람과 해님이 만나서 내기를 하고 있어요. 바람과 해님이 한 말을 잘 읽어
보고, 바람과 해님의 생각을 써 보세요.

바람과 해님

바람과 해님이 서로 자기가 힘이 세다고 다투었어요.
그래서 나그네의 외투를 누가 먼저 벗기나
내기를 했지요.
"내가 가장 힘이 세. 내가 바람을 세게
불면 나그네가 무서워서 옷을 벗을 거야."
"아니야. 내가 햇살을 따뜻하게 비추면
나그네가 더워서 옷을 벗을 거야."
나그네는 바람이 세게 불자 외투 자락을 단단히
붙잡고 걸었어요. 해님이 햇살을 비추자
나그네는 외투를 벗어 들고 걸었어요.

내가 가장 힘이 세. 내가 _____
_____ 나그네가 무서워서
옷을 벗을 거야.

내가 가장 힘이 세. 내가 _____
_____ 나그네가
더워서 옷을 벗을 거야.

41

우리가 사용하는 물건은 자연의 모습을 본떠 만든 것이 많아요. 다음 물건들은 무엇을 본떠 만들었는지 알아맞혀 보세요.

자연은 발명왕

오리의 발가락 사이에 있는 물갈퀴는 물을 밀어내어 헤엄을 잘 치게 해 줘요. 이것을 본떠 사람이 수영할 때 신는 오리발을 만들었어요. 땅굴을 잘 파는 두더지의 넓고 커다란 앞발은 삽 모양처럼 생겼어요. 이것을 본떠 흙을 파내는 굴삭기를 만들었어요.

장미의 줄기에는 뾰족한 가시가 나 있어 동물들이 함부로 접근하지 못해요. 이것을 본떠 동물들이 넘어 다니지 못하도록 가시철조망을 만들었어요.

오리의 물갈퀴를 본떠 만들었어요.

굴삭기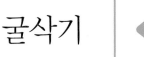

장미의 가시를 본떠 만들었어요.

중요한 내용 간추리기

나라마다 얼굴 생김새가 다르듯이 인사법도 달라요. 〈여러 나라의 인사법〉을 읽고 중요한 내용을 표 안에 간추려 보세요.

여러 나라의 인사법

중국 사람들은 두 팔꿈치를 잡고 허리를 굽혀 정중하게 인사합니다. '니하우마'라는 인사말을 주고받습니다.

하와이 사람들은 서로 끌어안고 양쪽 볼을 대며 인사를 합니다. '알로하 알로하'라는 인사말을 주고받습니다.

에스키모 사람들은 서로 뺨을 때리며 인사합니다. 서로 뺨을 세게 때리면 때릴수록 반가움이 큰 표시입니다.

여러 나라의 인사법

중국	하와이	에스키모
	서로 끌어안고 양쪽 볼을 대며 인사합니다.	

동생이 메뚜기를 노란색으로 칠하고 있어요. 〈노란 메뚜기〉를 읽고 글쓴이가 한 일, 들은 일, 본 일, 생각에 맞게 선으로 이어 보세요.

노란 메뚜기

동생이 노란색 메뚜기를 그렸다. 나는 메뚜기는 노란색이 아니라고 말했다. 그래도 동생은 자꾸만 우겼다. 그래서 아버지께 여쭈어 보았더니 메뚜기는 보호색을 띠는 능력이 있어서 주위 환경에 따라 색깔이 변한다고 말씀하셨다.
"가을에 풀빛이 노란색으로 변하면 메뚜기의 몸도 노랗게 변하지."
아버지의 말씀을 들은 동생은 의기양양해 하였다. 나는 보호색을 띠는 곤충에 대해 더 많이 알아야겠다고 생각하였다.

한 일 •	• 아버지께서는 메뚜기는 주위 환경에 따라 색깔이 변한다고 말씀하셨다.
들은 일 •	• 동생이 노란색 메뚜기를 그렸다.
본 일 •	• 나는 깜짝 놀라서 메뚜기는 노란색이 아니라고 했다.
생각 •	• 보호색을 띠는 곤충에 대해 더 많이 알아야겠다고 생각했다.

비슷한 경험 떠올리기

어떤 물건을 깜빡 잊고 안 가져간 적이 있나요? 〈받아쓰기 공책〉을 읽고 빈
곳에 알맞은 답을 써 보세요.

받아쓰기 공책

받아쓰기를 하려고 가방을 여는 순간 깜짝 놀랐다. 받아쓰기
공책이 없었기 때문이었다. 어저께 집에서 받아쓰기 공부를
한 뒤에 깜빡 잊고 가방에 넣지 않았나 보다. 할 수 없이
짝꿍에게 받아쓰기 공책 한 장만 빌려 달라고 하였다.
"싫어, 지난번에 너도 안 빌려 줬잖아?"
뒤에 앉은 친구에게도 부탁했지만 안 된다고 했다.
그러는 사이에 받아쓰기가 끝나, 나는 아무것도
쓰지 못하였다. 다음부터는 물건을 쓰고
나서 꼭 가방 속에 넣어 두어야겠다고
생각하였다.

1 글쓴이는 어떤 생각을 하였나요?

2 글쓴이의 경험과 비슷한 경험이 있으면 써 보세요.

인물의 모습 상상하기

1-2 국어 나-❿ 인물의 말과 행동을 상상해요

욕심을 부려서 낭패를 본 적이 있나요? 〈빨강 부채 파랑 부채〉를 읽고 빈 곳에
알맞은 답을 써 보세요.

빨강 부채 파랑 부채

가난한 할아버지가 요술 부채를 주웠어요.
빨강 부채를 부치면 코가 길어지고 파랑 부채를
부치면 코가 짧아지는 신기한 부채였어요.
할아버지가 빨강 부채를 부쳤더니, 코가 천장을
뚫고 하늘 나라 궁궐까지 올라갔어요.
옥황상제는 할아버지의 코끝을 나무에 꽁꽁
묶어 버렸어요. 할아버지가 파랑 부채를 부쳐
코가 짧아지자, 옥황상제는 묶었던 코를 풀
어 버렸어요. 그러자 할아버지는 공중에 둥둥
떠올랐다가 땅으로 뚝 떨어지고 말았답니다.

1 가난한 할아버지는 무엇을 주웠나요?

2 할아버지가 하늘로 올라가다가 다시 땅으로 떨어진 까닭은 무엇인가요?

3 이 이야기와 비슷한 '거짓말을 하면 코가
   길어지는 나무 인형'의 이름은 무엇일까요?

46

누구의 발자국이 가장 작을까요? 동시 〈발자국〉을 읽고 재미있는 장면을
상상해 빈 곳에 알맞은 답을 써 보세요.

발자국

김종상

누구누구 발자국이 제일 클까요
연못으로 퐁당 개구리 발자국
동그란 물무늬 연못에 가득
개구리 발자국이 제일 크지요

누구누구 발자국이 제일 길까요
진창길 기어간 지렁이 발자국
길다랗게 이어져 끝 간 데 몰라
지렁이 발자국이 제일 길지요

이 동시는 김종상의 〈발자국〉입니다.

1 글쓴이는 누구 발자국이 제일 크다고 했을까요?

2 글쓴이는 왜 지렁이 발자국이 제일 길다고 했을까요?

3 누구의 발자국이 제일 작을까요?
  상상해서 써 보세요.

< 모양 글자 살펴보고 바르게 쓰기

'어머니'와 '아버지'는 어떻게 써야 할까요? < 모양의 글자를 살펴보고 바르게 써 보세요.

'자음자 + 모음자(ㅏ, ㅑ, ㅓ, ㅕ, ㅣ)'가 합쳐진 글자는 < 모양에 맞추어 써야 해요.

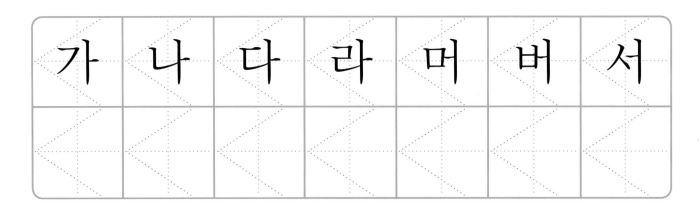

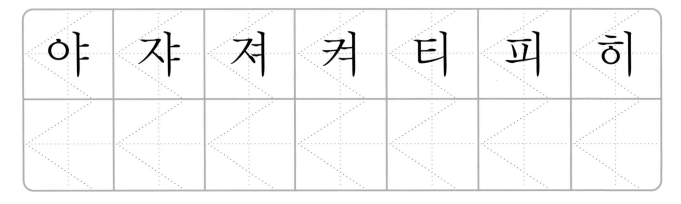

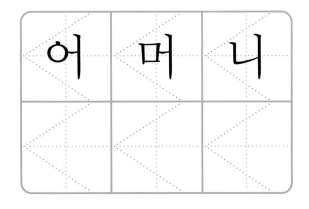

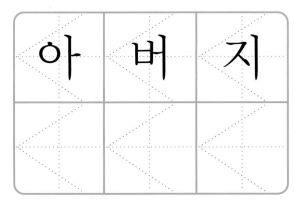

∧모양 글자 살펴보고 바르게 쓰기

'스스로'와 '포도'는 어떻게 써야 할까요? ∧모양의 글자를 살펴보고 바르게 써 보세요.

> '자음자 + 모음자(ㅗ, ㅡ)'가 합쳐진 글자는 ∧모양에 맞추어 써야 해요.

●솔솔정보●

∧모양 글자의 바른 글꼴을 익힌 뒤에 글을 써야 해요.

◇모양 글자 살펴보고 바르게 쓰기

'두부'와 '우유'는 어떻게 써야 할까요? ◇모양의 글자를 살펴보고 바르게 써 보세요.

'자음자 + 모음자(ㅜ, ㅠ)'가 합쳐진 글자는 ◇모양에 맞추어 써야 해요.

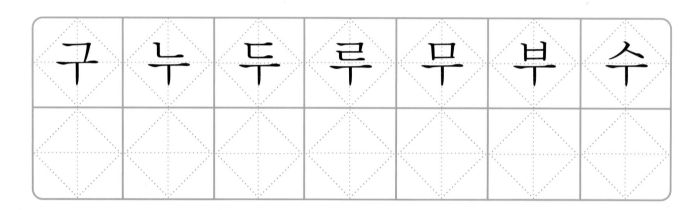

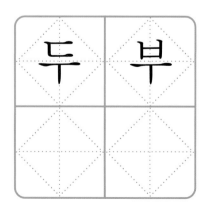

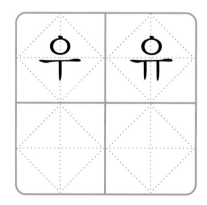

◆쏠쏠정보◆

◇모양 글자의 바른 글꼴을 익힌 뒤에 글을 써야 해요.

우리말 발음 익히기

우리말 1-1 국어 가-③ 다 함께 아야어여

⟨ㅑ ㅕ ㅛ ㅠ ㅘ ㅝ ㅢ ㅐ ㅔ ㅙ ㅞ⟩와 같은 이중모음을 읽어 보세요. 표준 발음에 맞게 정확하게 발음하고 바르게 써 보세요.

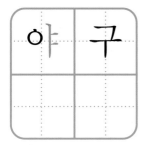

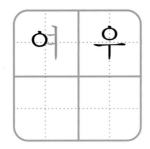

⟨ㅑ⟩ 소리는 ⟨ㅣ⟩의 발음 위치에서 시작하여
재빨리 ⟨ㅏ⟩ 소리로 바꾸어 발음해야 해요.
⟨ㅕ⟩ 소리는 ⟨ㅣ⟩의 발음 위치에서 시작하여
재빨리 ⟨ㅓ⟩ 소리로 바꾸어 발음해야 해요.

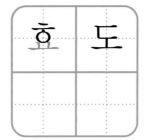

⟨ㅛ⟩ 소리는 ⟨ㅣ⟩의 발음 위치에서 시작하여
재빨리 ⟨ㅗ⟩ 소리로 바꾸어 발음해야 해요.
⟨ㅠ⟩ 소리는 ⟨ㅣ⟩의 발음 위치에서 시작하여
재빨리 ⟨ㅜ⟩ 소리로 바꾸어 발음해야 해요.

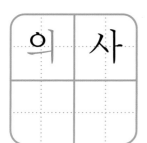

⟨ㅢ⟩ 소리는 ⟨ㅡ⟩의 발음 위치에서 시작하여
재빨리 ⟨ㅣ⟩ 소리로 바꾸어 발음해야 해요.

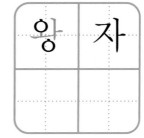

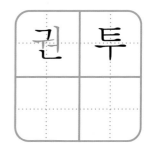

⟨ㅘ⟩ 소리는 ⟨ㅗ⟩의 발음 위치에서 시작하여
재빨리 ⟨ㅏ⟩ 소리로 바꾸어 발음해야 해요.
⟨ㅝ⟩ 소리는 ⟨ㅜ⟩의 발음 위치에서 시작하여
재빨리 ⟨ㅓ⟩ 소리로 바꾸어 발음해야 해요.

⟨ㅐ⟩ 소리는 ⟨ㅣ⟩의 발음 위치에서 시작하여
재빨리 ⟨ㅐ⟩ 소리로 바꾸어 발음해야 해요.
⟨ㅔ⟩ 소리는 ⟨ㅣ⟩의 발음 위치에서 시작하여
재빨리 ⟨ㅔ⟩ 소리로 바꾸어 발음해야 해요.

⟨ㅙ⟩ 소리는 ⟨ㅗ⟩의 발음 위치에서 시작하여
재빨리 ⟨ㅐ⟩ 소리로 바꾸어 발음해야 해요.
⟨ㅞ⟩ 소리는 ⟨ㅜ⟩의 발음 위치에서 시작하여
재빨리 ⟨ㅔ⟩ 소리로 바꾸어 발음해야 해요.

자음자, 모음자 쓰기

한글은 우리나라 고유의 글자로 세종대왕이 만들었어요. 자음자 14자와 모음자 10자를 합하여 글자를 써 보세요.

모음자 / 자음자	ㅏ	ㅑ	ㅓ	ㅕ	ㅗ	ㅛ	ㅜ	ㅠ	ㅡ	ㅣ
ㄱ										
ㄴ										
ㄷ										
ㄹ										
ㅁ										
ㅂ										
ㅅ										
ㅇ										
ㅈ										
ㅊ										
ㅋ										
ㅌ										
ㅍ										
ㅎ										

낱자 모양 생각하며 글씨 바르게 쓰기

한글은 낱자가 어느 위치에 있느냐에 따라 글자 모양이 달라져요. 낱자의 모양을 생각하며 바르게 글씨를 써 보세요.

자음자 글자	ㄱ	ㄴ	ㄷ	ㄹ	ㅁ	ㅂ	ㅅ	ㅇ
가	각	간	갇	갈	감	갑	갓	강
나	낙	난	낟	날	남	납	낫	낭

각 = 가 + ㄱ

각	시

강 = 가 + ㅇ

강	물

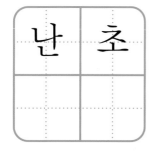

난 = 나 + ㄴ

난	초

남 = 나 + ㅁ

남	자

틀리기 쉬운 말 바르게 쓰기

'망내'가 맞을까요? '막내'가 맞을까요? 밑줄 친 말을 맞춤법에 맞게 바르게 써 보세요.

1 나는 우리 집에서 <u>망내</u> 이다.

2 우리 가족은 공원으로 <u>나드리</u> 를 갔다.

3 조금 있다가 다시 전화를 <u>할께</u> .

4 받아쓰기 공부를 <u>열시미</u> 했다.

5 어디서 종이비행기가 <u>나라왔다</u> .

6 겨울에는 <u>따뜨탄</u> 난로가 최고야.

7 글씨를 바르게 쓰면 <u>조케따</u> .

●쏠쏠정보●

'글자'를 '글짜'로 잘못 쓰는 것처럼 우리말에는 틀리기 쉬운 말이 많아요.

54

띄어쓰기 바르게 하기

1-2 국어 나-8 띄어 읽어요

낱말을 바르게 띄어 쓰지 않으면 뜻이 혼란스러워져요. 규칙을 지켜 바르게
띄어쓰기 하며 문장을 써 보세요.

겨울이가면봄이옵니다.

	겨	울	이		가	면		봄	이
옵	니	다	.						

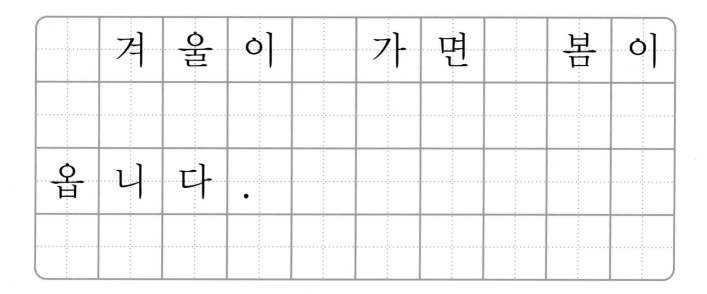

"할머니,감을따면안되나요?"

	"	할	머	니	,	감	을		따
면		안		되	나	요	?	"	

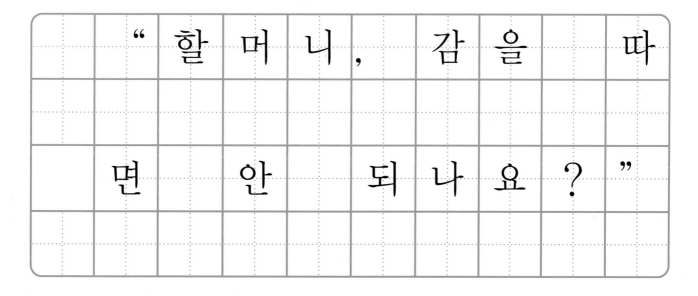

수학

초등 1학년 수학 교과 내용을 영역별로 학습하며 수학 실력을 쌓고,
1학년 수학 내용을 완전하게 익힐 수 있습니다.

수와 연산

100까지 수의 순서, 크기,
두 자리 수의 연산을
할 수 있습니다.

도형

동그라미, 세모, 네모를
이용하여 여러 가지 모양을
만들고 그릴 수 있습니다.

측정

몇 시 몇 분의 시간 개념을
알고, 비교 개념을
익힙니다.

규칙성

되풀이되는 패턴의 규칙을
찾을 수 있습니다.

1~50까지 수의 순서에 맞게 빈 곳에 알맞은 숫자를 써 보세요.

1	2	3	4	5
6		8	9	10
11	12	13	14	15
16		18		20
21	22		24	25
		28	29	30
31	32			
		38	39	40
41	42	43	44	45
				50

구슬을 10개씩 끼워 놓았어요. 구슬의 수를 세어 써 보세요.

구슬	숫자	읽기
	60	육십 예순
	70	칠십 일흔
	80	팔십 여든
	90	구십 아흔
	100	일백 백

100까지 수의 순서 (1)

1-2 수학 ① 100까지의 수

열차에 수가 순서대로 쓰여 있어요. 빈칸에 순서대로 수를 써 보세요.

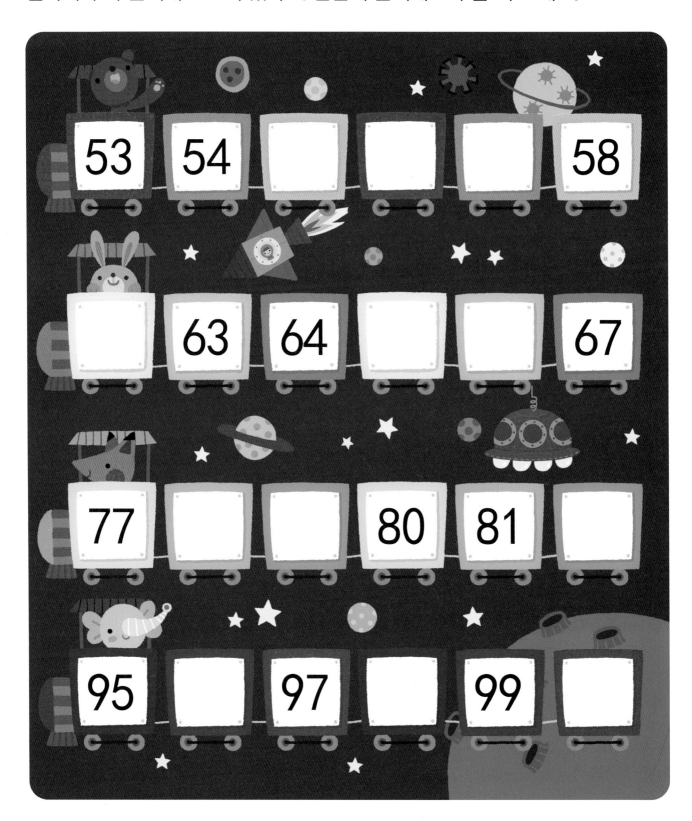

100까지 수의 순서 (2)

보물 상자가 자물쇠로 단단하게 잠겨 있어요. 각각의 단서를 보고 비밀번호를 알아내 빈칸에 써 보세요.

첫 번째 단서

54보다 1 작은 수

두 번째 단서

75보다 10 큰 수

세 번째 단서

81보다 10 작은 수

네 번째 단서

98보다 1 큰 수

●쏠쏠정보●
94, 95, 96은 1씩 커지고
60, 70, 80은 10씩 커집니다.

100까지 수의 크기 비교

오른쪽, 왼쪽 가운데 어느 쪽이 더 많을까요? 두 수의 크기를 비교하여 □ 안에
> , < 를 알맞게 써 보세요.

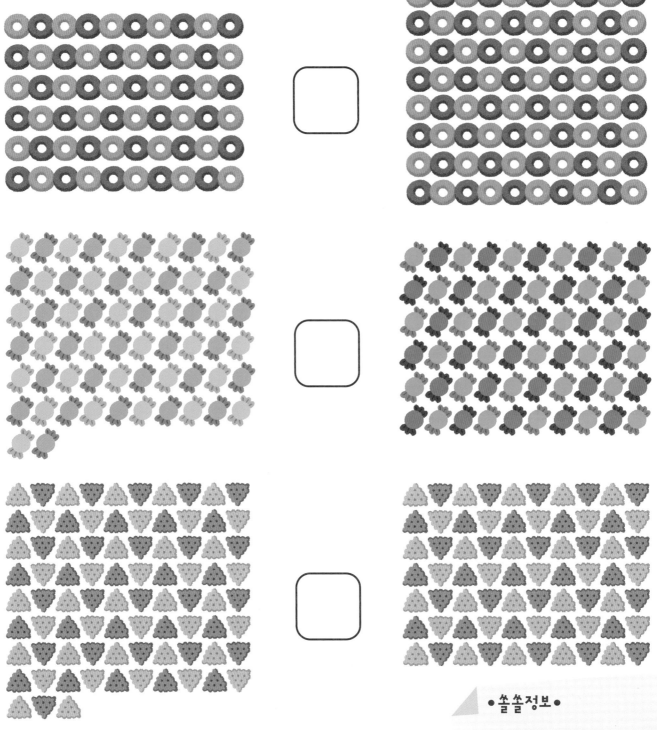

●쏠쏠정보●

〈 , 〉 기호를 사용할 때 터진 쪽이
큰 수이고, 뾰족한 쪽이 작은 수예요.

수 배열에서 규칙 찾기

1-1 수학 ⑤ 50까지의 수

자기가 정한 규칙에 따라 숫자 카드를 놓고 있어요. 친구가 말하는 규칙대로 빈 숫자 카드에 알맞은 숫자를 써 보세요.

10 이하 수의 덧셈

1-1 수학 ❸ 덧셈과 뺄셈

친구가 머릿속으로 생각하는 장난감의 수를 더해 빈칸에 알맞은 수를 써
보세요.

$5+2=$

$4+5=$

$7+1=$

● 쏠쏠정보

더하는 경우는 '더한다', '합한다', '보탠다' 처럼
다양한 용어를 사용할 수 있어요.

10 이하 수의 뺄셈

달팽이, 병아리, 물고기들이 함께 놀다가 몇 마리가 다른 곳으로 가고 있어요.
남아 있는 친구들을 세어 빈칸에 알맞은 수를 써 보세요.

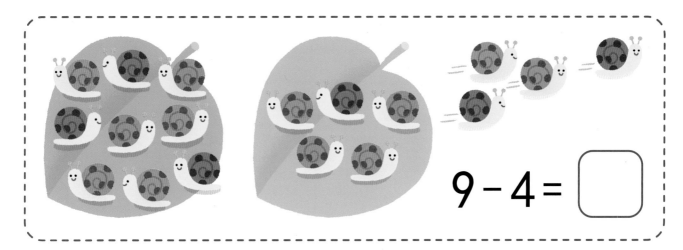

9 - 4 =

7 - 3 =

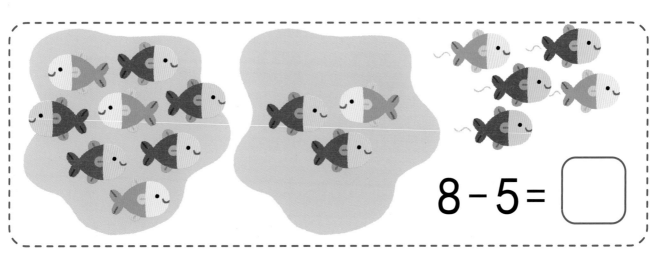

8 - 5 =

세 수의 계산 (1)

1-2 수학 ④ 덧셈과 뺄셈 (2)

접시 3개에 과일이 담겨 있어요. 각 접시에 있는 과일의 수를 더하면 모두 몇 개인지 세어 빈칸에 알맞은 수를 써 보세요.

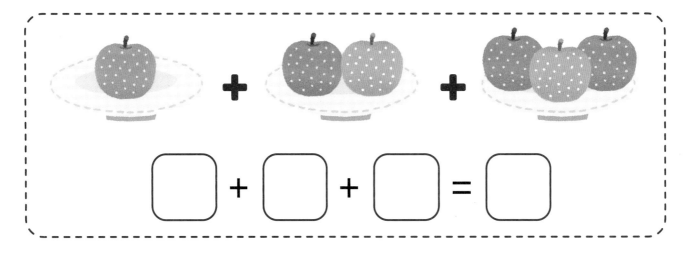

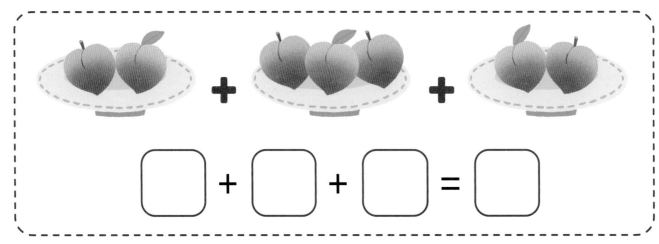

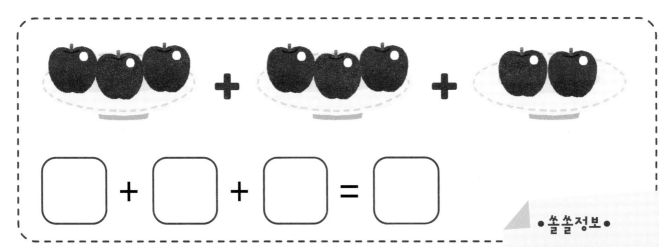

●쏠쏠정보●

덧셈만 있을 때에는 더하는
순서가 달라도 답은 같아요.

세 수의 계산 (2)

1-2 수학 ④ 덧셈과 뺄셈 (2)

꿀벌이 꽃에 앉아 꿀을 모으고 있어요. 그림을 보고 꿀벌의 수를 더하고 빼어 빈칸에 알맞은 수를 써 보세요.

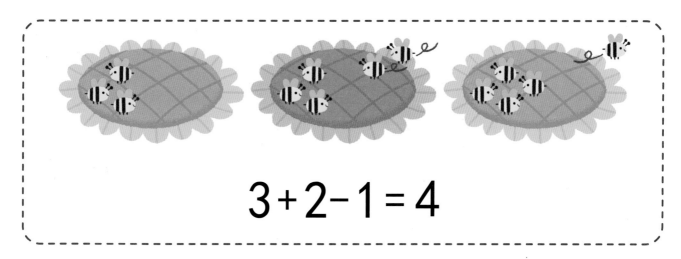

$$3 + 2 - 1 = 4$$

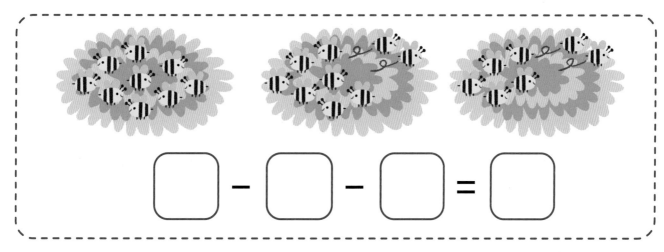

$$\boxed{} - \boxed{} - \boxed{} = \boxed{}$$

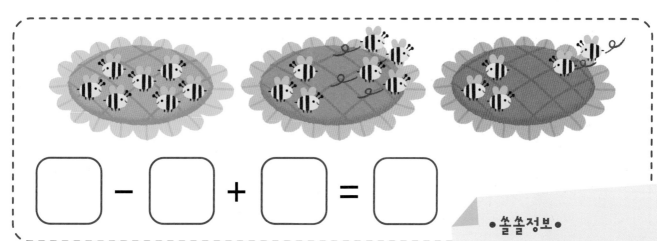

$$\boxed{} - \boxed{} + \boxed{} = \boxed{}$$

● 쏠쏠정보 ●

덧셈과 뺄셈이 섞여 있을 때에는 앞에서부터 차례로 계산해요.

몇십과 몇의 합 구하기

1-2 수학 ❻ 덧셈과 뺄셈(3)

엄마와 함께 장을 보러 왔어요. 엄마가 산 것과 내가 산 것을 더하면 모두 몇 개인지 빈칸에 알맞은 수를 써 보세요.

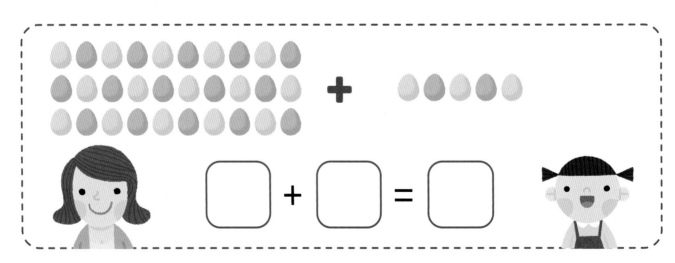

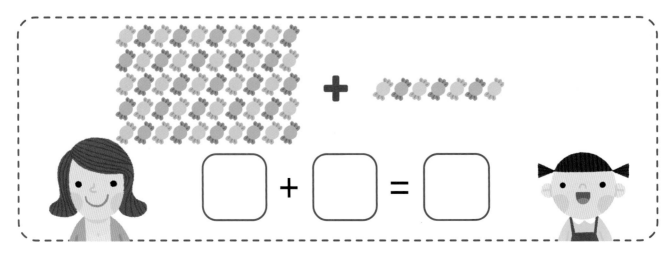

68

몇십 몇과 몇의 합 구하기

1-2 수학 ❻ 덧셈과 뺄셈(3)

책꽂이에 재미있는 책들이 많이 있어요. 책꽂이에 있는 책과 낱권의 책을
더하면 모두 몇 권인지 세어 빈칸에 알맞은 수를 써 보세요.

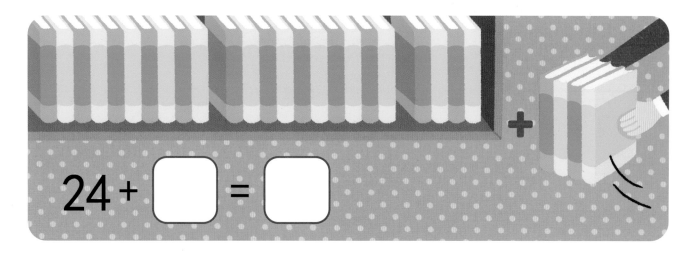

$$24 + \boxed{} = \boxed{}$$

$$\boxed{} + \boxed{} = \boxed{}$$

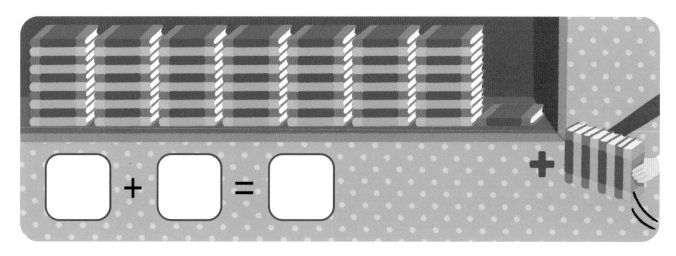

$$\boxed{} + \boxed{} = \boxed{}$$

몇십 몇과 몇십 몇의 합 구하기

1-2 수학 ❻ 덧셈과 뺄셈(3)

소풍 가서 먹을 맛있는 김밥을 쌌어요. 김밥을 더하면 모두 몇 개인지 빈칸에 알맞은 수를 써 보세요.

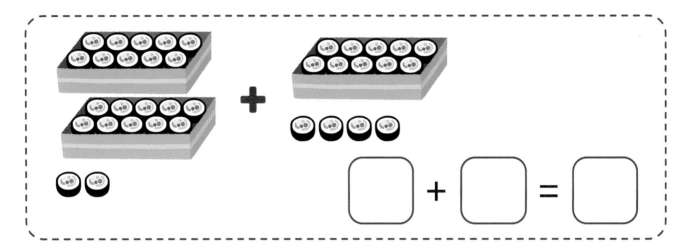

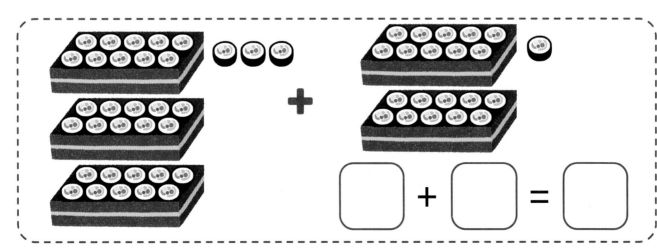

몇십과 몇의 차 구하기

1-2 수학 **6** 덧셈과 뺄셈(3)

동글동글 달걀이 많이 있어요. 달걀 프라이를 만들고 나면 달걀이 몇 개 남는지
세어 빈칸에 알맞은 수를 써 보세요.

$$20 - 3 = \boxed{}$$

$$\boxed{} - \boxed{} = \boxed{}$$

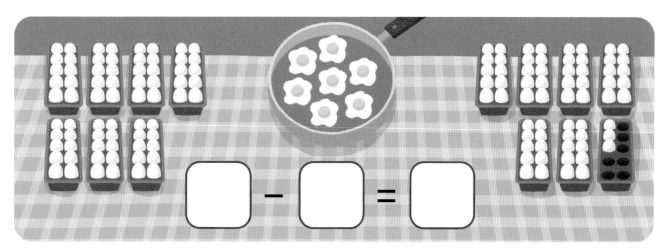

$$\boxed{} - \boxed{} = \boxed{}$$

몇십 몇과 몇의 차 구하기

1-2 수학 **6** 덧셈과 뺄셈(3)

어떤 수를 십 모형과 낱개 모형으로 나타내었어요. 낱개 모형 몇 개를 가져갔을 때 남아 있는 수를 세어 빈칸에 알맞은 수를 써 보세요.

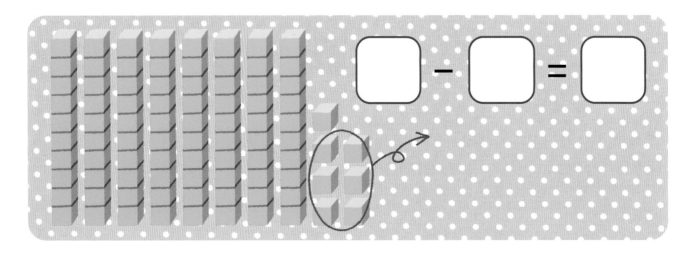

서로의 짝이 되는 물건끼리 놓여 있어요. 짝지어 놓았을 때 짝 없이 남는 것은 몇 개인지 세어 빈칸에 알맞은 수를 써 보세요.

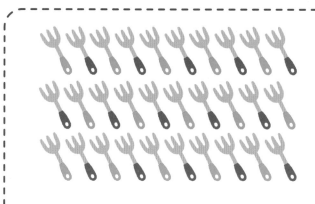

$$30 - 20 = \boxed{}$$

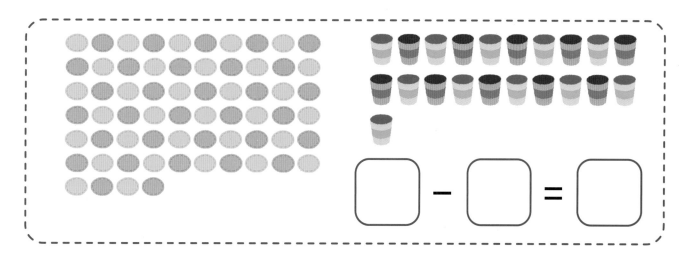

$$\boxed{} - \boxed{} = \boxed{}$$

$$\boxed{} - \boxed{} = \boxed{}$$

● 쏠쏠정보

물건을 서로 비교하여 1:1 대응시키는 경우도 뺄셈 상황임을 알 수 있어요.

덧셈식

1-2 수학 ❻ 덧셈과 뺄셈(3)

여러 가지 빈 병을 모았어요. 몇 개씩 더 가져오면 모두 몇 개가 되는지 빈칸에
알맞은 수를 써 보세요.

$$15 + 5 = \boxed{}$$

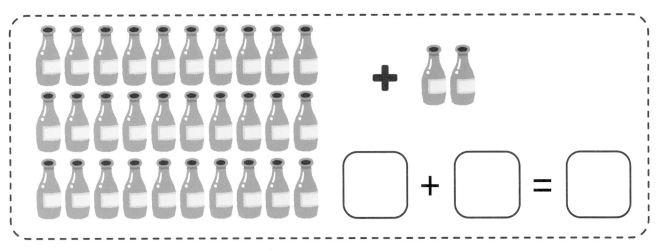

$$\boxed{} + \boxed{} = \boxed{}$$

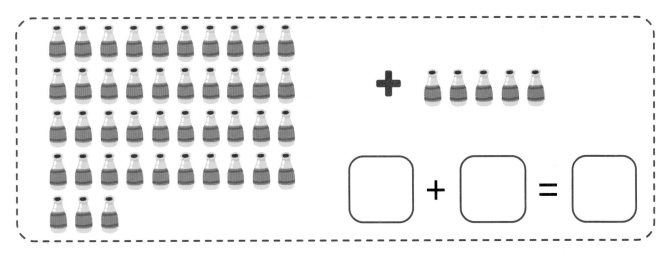

$$\boxed{} + \boxed{} = \boxed{}$$

빼셈식

바구니에 바나나를 담아 놓았어요. 바나나 껍질의 개수를 보고, 먹고 남은
바나나가 몇 개인지 세어 빈칸에 알맞은 수를 써 보세요.

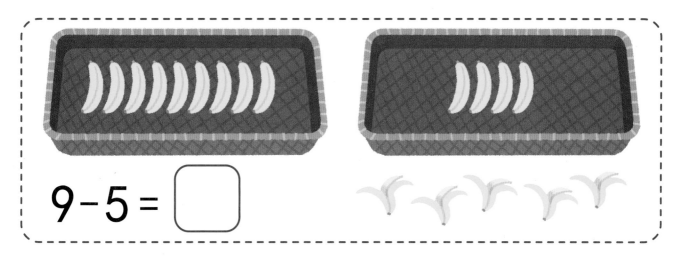

$9 - 5 =$ ☐

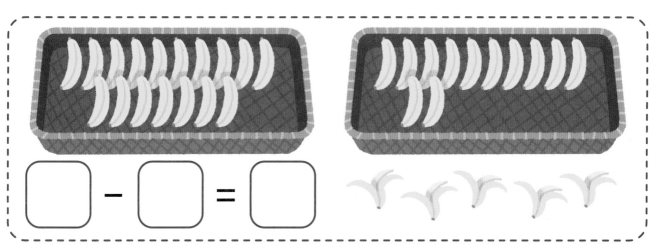

☐ − ☐ = ☐

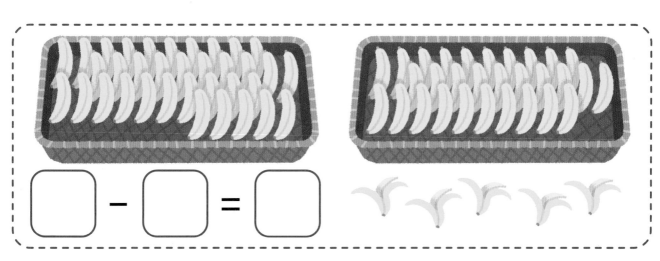

☐ − ☐ = ☐

덧셈식으로 뺄셈식 알기

어항 속 금붕어와 가재의 수를 나타내는 식을 빈칸에 써 보세요.

1 모두 몇 마리인지 식으로 써 보세요.

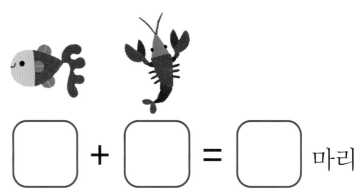

$$\boxed{} + \boxed{} = \boxed{} \text{ 마리}$$

2 의 수를 나타내는 뺄셈식을 써 보세요.

1 모두 몇 마리인지 식으로 써 보세요.

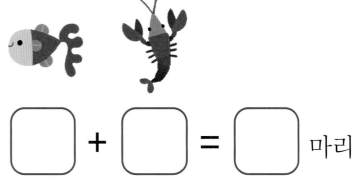

$$\boxed{} + \boxed{} = \boxed{} \text{ 마리}$$

2 🐟 의 수를 나타내는 뺄셈식을 써 보세요.

76

뺄셈식으로 덧셈식 알기

핫도그를 먹었어요. 핫도그의 수를 나타내는 식을 써 보세요.

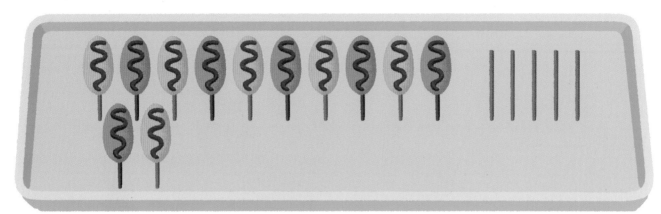

1 처음의 의 수를 나타내는 덧셈식을 써 보세요. $12 + 5 = 17$

2 먹고 남은 의 수를 나타내는 뺄셈식을 써 보세요.

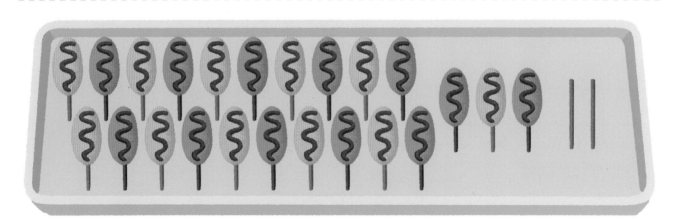

1 처음의 의 수를 나타내는 덧셈식을 써 보세요.

2 먹고 남은 의 수를 나타내는 뺄셈식을 써 보세요.

펑펑 눈 오는 날, 친구들이 놀고 있어요. 그림을 보고 동그라미 모양에는 ○, 세모 모양에는 △, 네모 모양에는 □ 표시해 보세요.

사용한 모양 찾기

1-2 수학 ③ 여러 가지 모양

동그라미, 세모, 네모 모양으로 만든 그림이에요. 동그라미, 세모, 네모 모양을
각각 몇 개 사용했는지 세어 □ 안에 알맞은 수를 써 보세요.

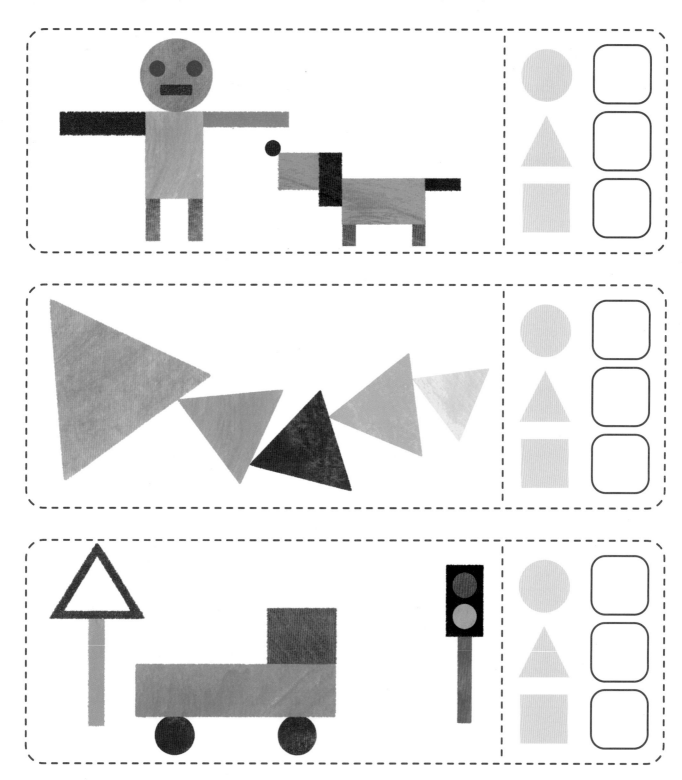

여러 가지 모양 만들기

1-2 수학 ③ 여러 가지 모양

네모, 세모, 동그라미가 있어요. 빈 곳에 네모, 세모, 동그라미 스티커를 붙여
여러 가지 모양을 만들고 그림을 그려 보세요.

예시

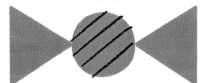

점판 위에 여러 가지 모양 그리기

점을 연결해 재미있는 모양을 그릴 수 있어요. 왼쪽 그림을 보고 오른쪽 점판 위에 똑같이 그려 보세요.

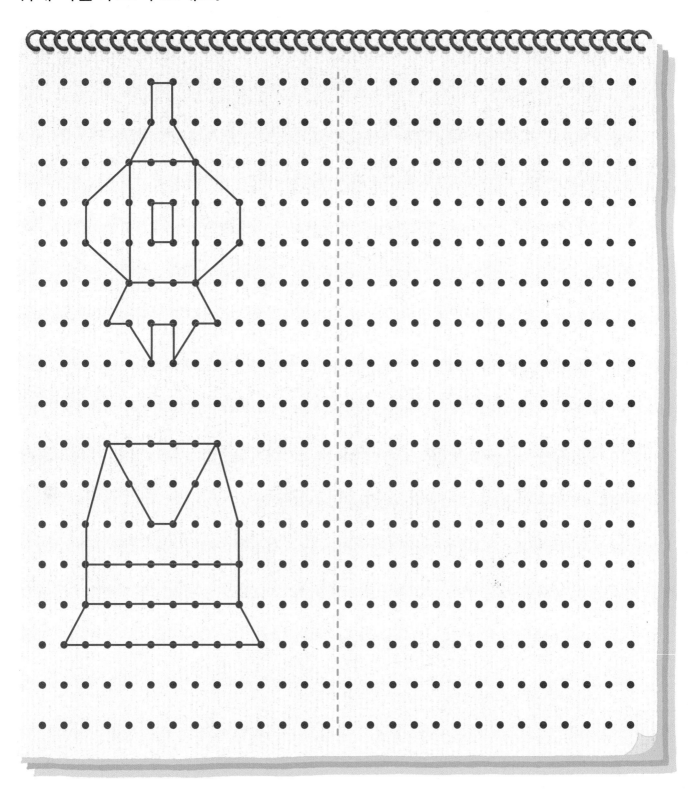

모양 규칙 찾기

빵을 만드는 기계에서 빵이 나오고 있어요. 빵이 나오는 규칙을 잘 보고 빈 곳에 알맞은 스티커를 붙여 보세요.

● 쏠쏠정보 ●

규칙에서는 되풀이되는 패턴의 규칙을 찾아내는 것이 중요합니다.

모양과 색 규칙 찾기

1-2 수학 ⑤ 시계 보기와 규칙 찾기

동물 친구들이 꽃 줄넘기를 만들어요. 꽃이 놓여 있는 규칙을 잘 보고 빈 곳에
알맞은 스티커를 붙여 보세요.

넓이 비교하기

1-1 수학 ④ 비교하기

두 물건의 넓이를 비교해요. 넓이가 더 넓은 물건에 ○ 하세요.

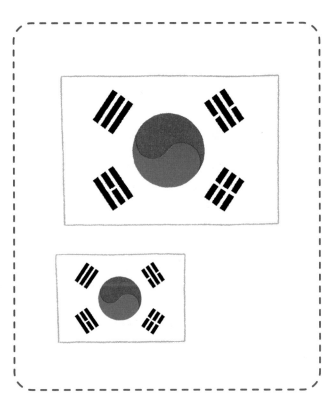

들이 비교하기

1-1 수학 ④ 비교하기

여러 가지 그릇에 물을 담아요. 물이 가장 많이 들어가는 그릇에 ○, 물이 가장 적게 들어가는 그릇에 △하세요.

몇 시 알기(1)

왼쪽과 오른쪽 시계를 보고 똑같은 시각을 찾아 선으로 이어 보세요.

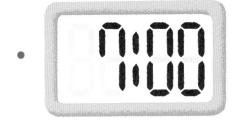

몇 시 알기 (2)

1-2 수학 ⑤ 시계 보기와 규칙 찾기

할아버지의 시계 가게에 있는 시계들은 시각이 모두 달라요. 짧은바늘을 보고
빈칸에 몇 시인지 써 보세요.

●쏠쏠정보●

시간은 아주 까다로운 양의 개념이므로,
아이의 이해 정도에 맞추어 쉽고 재미있게
배우는 것이 중요해요.

시간 순서 알기

째깍째깍 시간은 계속 흘러요. 그림과 시계를 보고, 시간 순서대로 빈칸에
숫자를 써 보세요.

산으로 여행을 가요. 시계를 보고 몇 시 몇 분인지 써 보세요.

⬜ 시 ⬜ 분

⬜ 시 ⬜ 분

⬜ 시 ⬜ 분

⬜ 시 ⬜ 분

시곗바늘 그리기

1-2 수학 ⑤ 시계 보기와 규칙 찾기

빨간 모자가 할머니를 찾아가요. 길을 가다 보이는 디지털시계를 보고, 빈 시계에 시곗바늘을 그려 보세요.

측정

시계 보고 시각 말하기

1-2 수학 **5** 시계 보기와 규칙 찾기

동물 친구들이 저마다 시각을 말하고 있어요. 바르게 말한 친구에게는 ○,
틀리게 말한 친구에게는 △ 하세요.

빈 바구니에 몇 개가 있어야 할까요? 그림을 보고 □에 수를 넣어 보세요.

$$2 + \boxed{} = 16$$

$$3 + \boxed{} = 5$$

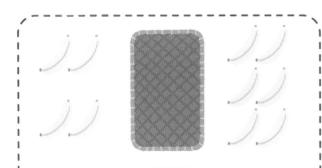

$$4 + \boxed{} = 6$$

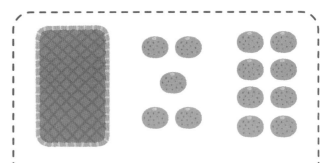

$$\boxed{} + 5 = 8$$

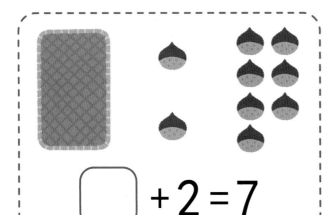

$$\boxed{} + 2 = 7$$

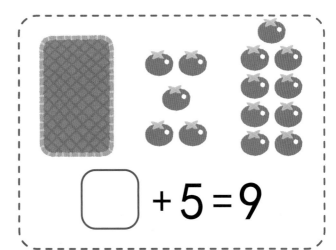

$$\boxed{} + 5 = 9$$

□ 가 있는 뺄셈식 만들기

'?'가 있는 곳에는 사과가 몇 개 있을까요? 그림을 보고 □에 수를 넣어 보세요.

$$\boxed{} - 4 = 8$$

$$\boxed{} - 2 = 5$$

$$9 - \boxed{} = 4$$

그림 그려서 문제 해결하기

왼쪽에 있는 컵케이크의 수가 오른쪽만큼 되려면 빈 쟁반에 컵케이크가 몇 개 있어야 하는지 그림을 그리고, 빈칸에 알맞은 답을 써 보세요.

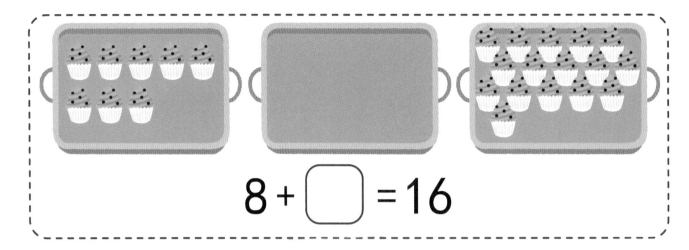

$$8 + \boxed{} = 16$$

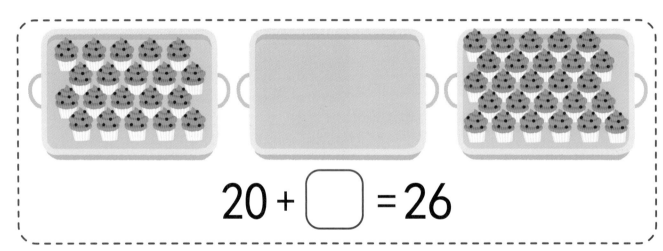

$$20 + \boxed{} = 26$$

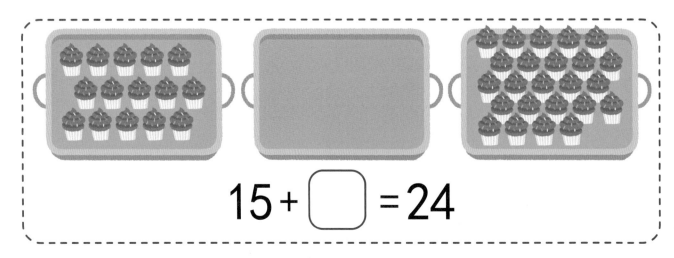

$$15 + \boxed{} = 24$$

수학을 이용한 놀이

오리가 거북이의 집에 놀러가려고 해요. 한번에 가는 길이 모두 몇 가지인지 길을 따라 가면서 알아보세요.

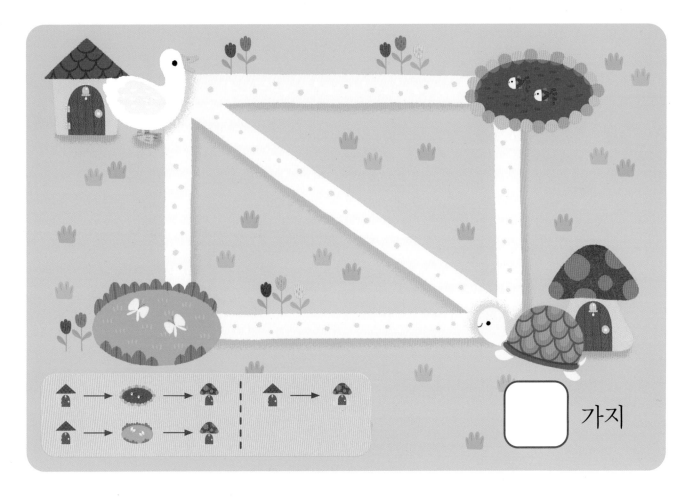

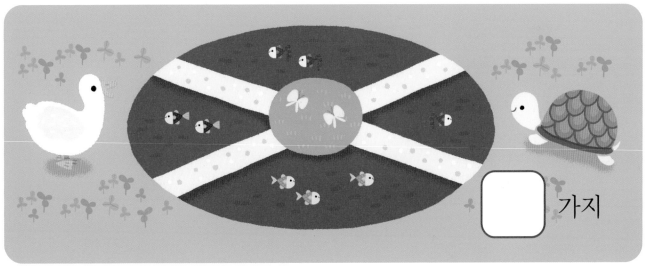

통합 교과

초등 1학년 바른 생활, 즐거운 생활, 슬기로운 생활을 매달 새로운 주제별 교과서로 공부합니다.

학교
학교생활을 살펴보고 즐겁게 지내는 방법을 찾아봅니다.

봄
봄의 모습을 찾아보고 여러 가지 방법으로 표현합니다.

가족
내가 살고 있는 집을 다양한 방법으로 표현합니다.

여름
여름철 날씨와 생활 모습의 관계를 살펴봅니다.

이웃
이웃과 이웃의 생활 모습을 살펴보고 사이좋게 지냅니다.

가을
가을 날씨와 날씨의 변화에 관심을 가지고 관찰합니다.

우리나라
우리나라의 상징을 알고 소중히 여기는 마음을 가집니다.

겨울
겨울철 동식물의 겨울나기 모습을 알아봅니다.

안전하게 학교에 가요

학교

1-1 통합 봄1-❶ 학교에 가면

학교 가는 길에는 조심할 것이 많아요. 그림에서 위험한 행동을 하거나, 위험한 장소에 있는 친구들을 모두 찾아 ⃠스티커를 붙여 주세요.

내 친구를 소개해요

친구 얼굴이 떠오르나요? 빈 얼굴에 친구 얼굴을 그리고 이름을 써서 친구를 소개해 보세요.

동물의 움직임을 흉내 내어 놀이를 해 볼까요? 오른쪽에 있는 놀이의 이름과 설명을 보고 왼쪽에서 알맞은 놀이 장면을 찾아 선으로 이어 보세요.

닭싸움

한쪽 발꿈치나 발을 잡고 다른 한 발로 서서 상대편을 공격합니다. 손으로 잡고 있던 발을 놓치거나 넘어지면 지는 놀이입니다.

돼지 씨름

쪼그리고 앉아서 서로 엉덩이를 대고 상대방을 밀어 쓰러뜨리는 놀이입니다.

게 씨름

두 사람이 배를 위로 하여 엉덩이를 치켜든 상태로 씨름하여, 어깨나 엉덩이가 땅에 닿는 사람이 지는 놀이입니다.

달팽이 놀이

땅에 달팽이 모양을 그린 다음, 두 편으로 나누어 한 편은 밖에서 안으로, 한 편은 안에서 밖으로 달립니다. 두 편이 만나 가위바위보를 해서 상대편에 먼저 많은 사람이 도착하면 이깁니다.

접고 오리며 봄 꾸미기

색종이를 접고 모양을 반쪽만 그려 오리면 어떤 모양이 나올까? 아래 종이를
접고 모양대로 오린 다음, 그림 위에 붙여 그림을 꾸며 보세요.

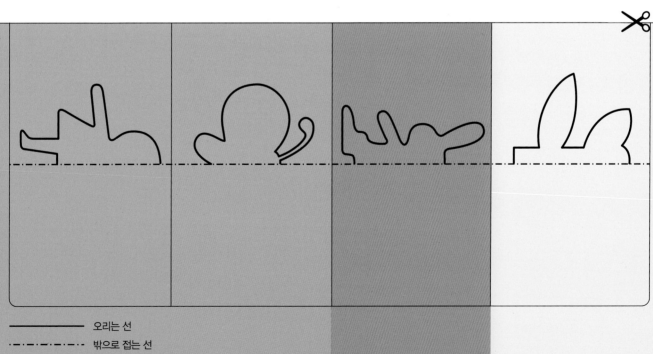

———— 오리는 선

-·-·-·- 밖으로 접는 선

팝콘처럼 팡팡!

친구들이 옥수수가 되어 프라이팬에 들어갔어요. 이제 팡팡 튀어 팝콘이 될
거예요. 선을 따라가 옥수수 그림과 어울리는 친구들 모습을 찾아보세요.

사이좋은 옥수수   너무 뜨거운 옥수수   야호, 난 팝콘이다!

칭찬 상을 만들어요

학교

학교에서는 규칙을 잘 지켜야 해요. 아래 그림의 친구들처럼 학교에서 지켜야 할 규칙을 잘 지킨 친구에게 칭찬 상을 만들어 주세요.

칭찬 상

이름 _ _ _ _ _ _ _ _

질서는 아름다운 것입니다. 위 어린이는

_ _ _ _ _ _ _ 에서 _ _ _ _ _ _ 을 잘하여

다른 사람에게 아름다운 모습을 보여 칭찬합니다.

년 월 일 친구 _ _ _ _ _ _ _

봄 봄이 왔어요

1-1 통합 봄1-❷ 도란도란 봄동산

파릇파릇 새싹이 돋는 봄이 왔어요. 봄 동산에 숨어 있는 동물과 식물을 찾아
봄꽃 스티커를 붙여 주세요.

숨어 있는 동물과 식물
뱀, 나비, 민들레, 개나리, 개구리

나만의 봄꽃 도감

1-1 통합 봄1-② 도란도란 봄동산

꽃이 피면 봄이 온 것을 느낄 수 있어요. 여러 가지 봄꽃을 색칠하고, 이름과 특징에 대해 알아보면서 나만의 봄꽃 도감을 만들어 보세요.

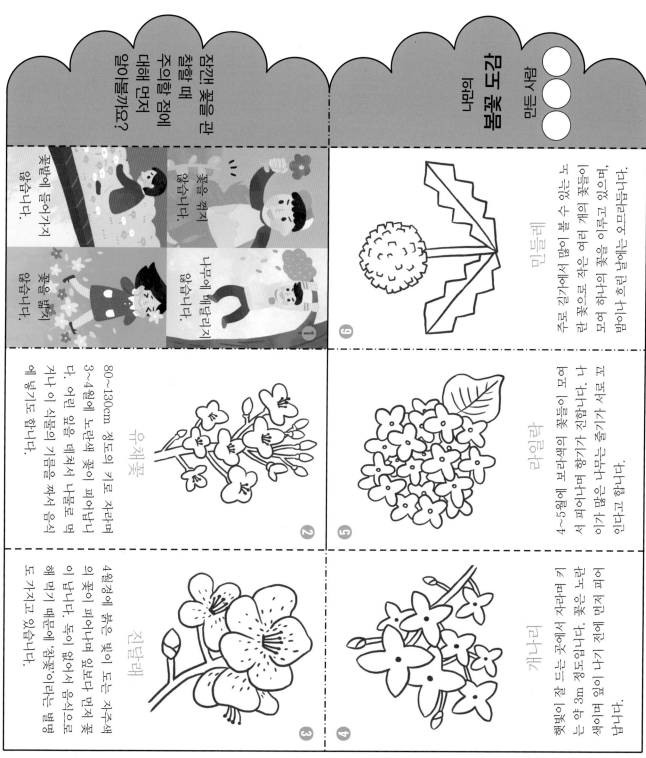

* 뒷면에 있는 만드는 방법을 참고하세요.

——————— 오리는 선
—·—·—·—·— 밖으로 접는 선
— — — — — 안으로 접는 선

만드는 방법

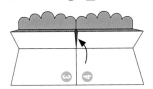

❶ 오리는 선을 따라
전체를 오리고
접은 다음, 화살표
한 선을 가위로
오려 주세요.

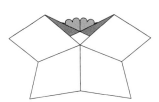

❷ 그림처럼 양쪽을
잡고 가위로 오린
선을 벌려 접어요.

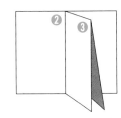

❸ 표지가 맨 앞에
오게 접어 넘겨
보세요.

❹ 봄꽃 도감 완성!

만드는 방법

봄을 몸으로 말해요

1-1 통합 봄1-❷ 도란도란 봄동산

친구들이 봄의 모습을 몸으로 나타내고 있어요. 어떤 모습을 나타낸 것인지
찾아 선으로 이어 보고 흉내 내어 보세요.

꽃이 피어요.

산이 파릇파릇
해져요.

새싹이 돋아요.

아지랑이가
피어올라요.

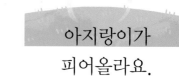

햇살이 따뜻해요.

우리 집에 놀러 오세요

1-1 통합 여름1-❶ 우리는 가족입니다

우리 집 안의 모습을 위에서 바라보았어요. 각 방의 쓰임새를 생각하여
〈보기〉처럼 재미있는 방의 이름을 지어 보세요.

가족 서로 돕는 가족

1-1 통합 여름1-❶ 우리는 가족입니다

집에서 내가 가족을 도와 본 적 있나요? 그림에서 서로 돕고 있는 가족에게 ♥ 스티커를 붙이고, 내가 가족을 위해 할 수 있는 일을 써 보세요.

내가 가족을 위해 할 수 있는 일은 무엇이 있을까요? 아래에 써 보세요.

가족　우리 집 행사 달력

1-1 통합 여름1-**①** 우리는 가족입니다

한 해 동안 우리 집에는 어떤 행사가 있나요? 빈 곳을 채워 우리 집 행사 달력을 만들어 보세요.

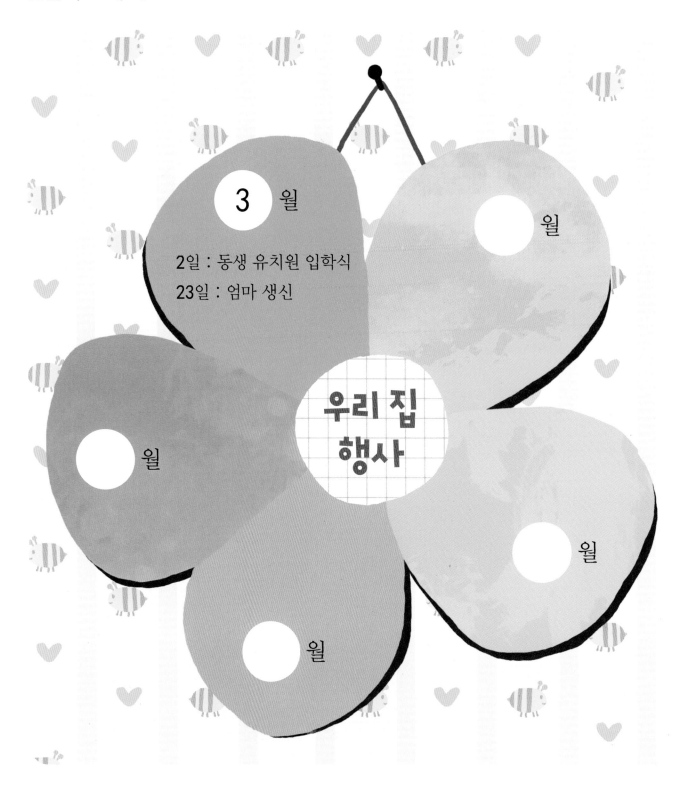

3 월

2일 : 동생 유치원 입학식
23일 : 엄마 생신

월

월

우리 집 행사

월

월

사랑의 쿠폰

1-1 통합 여름1-**①** 우리는 가족입니다

가족끼리는 서로 돕고 고마워 할 일이 많아요. 아래 3개의 쿠폰을 보고, 빈 곳에
나만의 쿠폰을 만들고 오려 가족들에게 감사하는 마음을 전해 보세요.

사랑의 쿠폰

식사 준비를 도와요.

유효 기간: 12월 30일
발행처: 엄마에게

사랑의 쿠폰

엄마 심부름을 해요.

유효 기간: 8월 10일
발행처: 엄마에게

사랑의 쿠폰

아빠 신발을 닦아 드려요.

유효 기간: 6월 30일
발행처: 아빠에게

우리 가족 별명

우리 가족은 성격이나 좋아하는 것이 서로 달라요. 엄마의 별명과 특징을 보고,
다른 식구들의 특징을 쓰고 별명도 지어 주세요.

엄마 별명은, 공주 엄마예요.
맛있는 것을 많이 만들어 주시고,
항상 예쁘게 말씀하세요.

아빠 별명은, _____

_____

_____

할머니 별명은, _____

_____

_____

할아버지 별명은, _____

_____

_____

누나(언니) 별명은, _____

_____

_____

형(오빠) 별명은, _____

_____

_____

신나는 여름

여름

'여름' 하면 가장 먼저 무엇이 떠오르나요? 빈 곳에 여름이 되면 생각나는
것들을 써 보세요.

여름 날씨 예보

여름에는 어떤 날씨가 많을까요? 그림을 보고, □ 안에 알맞은 날씨 기호를
만들어 그려 보고, 일기 예보도 생각해 써 보세요.

오늘은 기온이 30도가 넘는 무더위가
계속되겠습니다. 뜨거운 자외선에
주의하시기 바랍니다.

이웃 바르게 인사해요

1-2 통합 가을1-❶ 내 이웃 이야기

바르고 고운 말은 예절의 기본이에요. 학교에서 집까지 가는 길에서 아이가
하는 말을 잘 읽고 옆 칸에 어른들께 하는 높임말로 바꿔 써 보세요.

이웃과 함께

우리는 늘 이웃과 함께 살아가고 있어요. 아래 그림을 보고 이웃과 있었던 여러 가지 일 중 서로 관련이 있는 것끼리 선으로 이어 보세요.

이웃과 서로
도우며 살아요.

이웃과 함께 즐거운
시간을 보냈어요.

이웃 때문에
화가 났어요.

동네 한 바퀴

1-2 통합 가을1-❶ 내 이웃 이야기

우리 마을을 떠올리며 〈동네 한 바퀴〉 노래를 불러 보세요. 그리고 가사를 바꾸어 빈 곳에 써 보세요.

다 같 이 돌 자 동 네 한 바 퀴

아 침 일 찍 일 어 나 동 네 한 바 퀴

우 리 보 고 나 팔 꽃 인 사 합 니 다

우 리 도 인 사 하 며 동 네 한 바 퀴

바 둑 이 도 함 께 돌 자 동 네 한 바 퀴

우리 동네 소개하기

우리 동네에서 내가 가장 좋아하는 곳을 그리고, 우리 동네를 소개해 보세요.

우리 동네 이름은 ＿＿＿＿＿＿＿＿＿＿＿＿＿＿＿＿＿ 이야.

우리 집 주소는 ＿＿＿＿＿＿＿＿＿＿＿＿＿＿＿＿＿＿ 이야.

＿＿＿＿＿＿＿＿＿＿＿＿＿ 는(은) 내가 제일 좋아하는 곳이야.

왜냐하면 ＿＿＿＿＿＿＿＿＿＿＿＿＿＿＿＿＿ 때문이야.

우리의 이웃이 열심히 일을 하고 있어요. 그림을 보고 필요한 도구 스티커를 찾아 붙여 주세요.

가을을 노래해요

1-2 통합 가을1-② 현규의 추석

'딩딩동' 실로폰으로 가을 노래를 연주할 수 있어요. 실로폰에 있는 계이름 색깔을 보고 악보에 있는 도토리를 알맞은 계이름 색으로 칠해 보세요.

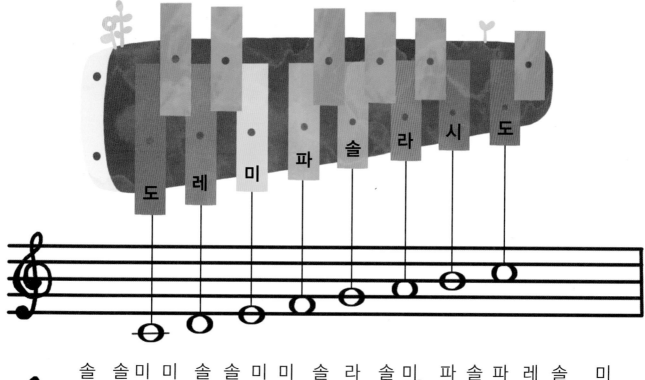

솔 솔미미 솔 솔미미 솔 라 솔미 파솔파레솔 미

때굴때굴 때굴때굴 도 토 리가 어―디서왔 나

도 도레미파솔라 솔 라시 라솔레 도

단 풍잎곱 게물든 산골짝 에서왔 지

121

가을 바람을 느껴 봐!

살랑살랑 가을 바람이 불어요. 바람이 불어서 움직인 것을 모두 찾아 ○하고 이름을 써 보세요.

바람이 불어서 움직인 것

우리나라를 알아요

아래 놀이판에는 우리나라를 상징하는 이름이 가로, 세로로 숨어 있어요.
설명을 읽고 그 이름을 찾아 표시해 보세요.

훈	한	글	축	식	민	소	방	리
버	여	름	하	당	올	림	픽	도
스	공	제	주	도	학	경	기	서
병	원	우	정	황	태	권	도	관
학	태	박	대	태	사	음	역	떡
과	극	하	한	무	궁	화	질	서
영	기	관	민	극	슈	퍼	마	켓
운	화	벌	국	기	세	계	데	회
자	여	헹	기	애	국	가	아	기

❶ 우리나라 이름이에요.

❷ 우리나라 꽃이에요.

❸ 우리나라 노래예요.

❹ 우리나라 국기예요.

❺ 우리나라 말과 글이에요.

❻ 우리나라를 대표하는 운동이에요.

● 쏠쏠정보 ●

애국가, 무궁화, 태극기에 관련된 노래를
함께 불러 봅니다.

우리 나라

문지기 문지기 문 열어라

1-2 통합 겨울1-① 여기는 우리나라

〈대문 열기〉 노래를 빠르게도 불러 보고 느리게도 불러 보세요. 빈 곳의 가사를 바꾸어 써 보고, 장단 스티커도 붙여 보세요.

문지기 문지기 문 열어라 – 열 쇠없 어 못열겠네

어 떤 대문에 들어갈 까 동 대문 에들 어 가

문 지 기문지 기문 열어라 덜 커덩 떵열 렸다

우리 집을 지어요

간단한 도구를 이용하여 우리 집을 만들어 볼까요? 꾸미는 방법을 잘 보고
그림을 멋지게 완성해 보세요.

꾸미는 방법

❶ 자와 연필을 이용하여 점선을 따라 그림을 그립니다.

❷ 그림 아래에 있는 여러가지 모양을 가위로 오립니다.

❸ 밑그림에 맞추어 풀로 붙입니다.

동식물의 겨울나기 비법

1-2 통합 겨울1- ❷ 우리들의 겨울

십자말풀이를 하며 동식물의 겨울을 나는 방법을 알아보세요.

				2		3		
	1		잠					
			자	벌	레	눈	보	라
			리				리	
	호	랑	나	비			깃	6
		무				단		
		줄		5		풍		
4		기						

가로 열쇠

1 추운 겨울이 오면 개구리는 온도 변화가 적은 물밑이나 땅속에서 긴 ○○○을 잡니다.

4 ○○○○는 씨앗으로 겨울을 나며 이 식물의 씨앗은 새나 동물들이 아주 좋아합니다.

5 ○○○○○의 수컷은 매우 굵고 긴 뿔이 나 있으며, 애벌레의 상태로 겨울을 지냅니다.

세로 열쇠

2 봄에 노란 꽃을 피우는 ○○○는 잎들이 겹겹이 모여 햇빛을 받기 때문에 추위를 견딥니다.

3 목련의 나뭇가지 끝에는 여러 겹의 비늘잎이나 솜털로 덮인 ○○○이 생깁니다.

6 토끼와 늑대는 ○○○를 하면 털이 새로 나서 추운 겨울을 따뜻하게 지냅니다.

겨울 겨울을 건강하게 보내려면?

1-2 통합 겨울1-❷ 우리들의 겨울

추운 겨울을 어떻게 지내면 좋을까요? 아래 그림 가운데 겨울을 건강하고
안전하게 잘 지내는 그림을 골라 장갑 스티커를 붙여 주세요.

다음 낱말을 정확하게 소리 내어 읽고 써 보세요.

국	어

→

구	거

놀	이

→

노	리

웃	음

→

우	슴

글	자

→

글	짜

두 낱말이 합하여 만들어진 낱말을 따라 써 보세요.

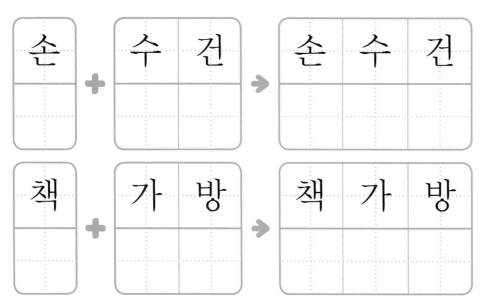

손

+

수	건

→

손	수	건

책

+

가	방

→

책	가	방

'풋 –'과 '– 꾸러기'의 뜻을 생각하며 낱말을 따라 써 보세요.

풋	고	추

장	난	꾸	러	기

겪은 일이 잘 드러나는지 살펴보며 일기를 따라 써 보세요.

| 아 | 침 | 에 | | 일 | 어 | 나 | 니 |

| 머 | 리 | 가 | | 아 | 프 | 고 | | 열 |

| 도 | | 났 | 다 | . | 어 | 제 | | 저 |

| 녁 | | 차 | 가 | 운 | | 물 | 로 |

| 목 | 욕 | 을 | | 해 | 서 | | 감 | 기 |

| 에 | | 걸 | 렸 | 나 | | 보 | 다 | . |

중심 낱말을 생각하며 '꿀벌' 이야기를 따라 써 보세요.

꿀	벌	은		춤	을		잘

춥	니	다	.	다	른		꿀	벌

친	구	들	에	게		꿀	이

있	는		곳	을		알	려

주	기		위	하	여		춤	을

추	는		것	입	니	다	.

인물의 생각이 잘 드러나게 글을 읽고 써 보세요.

		"	예	끼	,	나	쁜		사

	람		같	으	니	!		왜

	안		오	고		그	냥

	가	려	는		거	야	?	"

	영	감	이		눈	을		부

릅	뜨	고		말	했	어	요	.

누가 무엇을 하였는지 알아보며 따라 써 보세요.

신	영	이	는		고	구	마

를		캐	러		시	골	에

갔	어	요	.		고	구	마		밭

에		가	자	마	자		할	머

니	께		고	구	마		캐	는

방	법	을		배	웠	어	요	.

중요한 내용을 생각하며 글을 읽고 따라 써 보세요.

유리창에 붙어

있는 인형을 본

적이 있나요? 문

어의 빨판을 이용

하여 어디에나 잘

달라붙습니다.

정답

8쪽

9쪽

10쪽

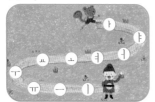

11쪽

• 미라가 케이크를
  자릅니다.
• 어머니가 선물을 줍니다.
• 아버지는 박수를 칩니다.
• 동생이 노래를 부릅니다.

12쪽

13쪽

❶ 숨바꼭질, 앉아, 먹었다
❷ 늦어서, 많은데

14쪽

15쪽

16쪽

• 시골↔도시 • 남자↔여자
• 아버지↔어머니
• 딸↔아들

17쪽

• 타다 ↔ 내리다
• 넣다 ↔ 빼다
• 이기다 ↔ 지다
• 무겁다 ↔ 가볍다

18쪽

• 깨끗이 • 맛있게
• 방긋방긋 • 귀여운

19쪽

• 가족 = 식구
• 순서 = 차례
• 까닭 = 이유
• 친구 = 동무

20쪽

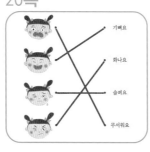

21쪽

22쪽

23쪽

• 생신 • 진지 • 께서
• 말씀하셨습니다.

24쪽

• **시간을 나타내는 말**
  밤, 아침, 이튿날, 잠시 뒤
• **이어 주는 말**
  마침내, 그래서

25쪽

• **기분을 좋게 하는 말**
  고마워요, 반가워요,
  사랑해요, 행복해요
• **기분을 상하게 하는 말**
  미워요, 싫어요,
  저리 비켜, 짜증나요

26쪽

❶ 할미꽃 ❷ 향수
❸ 웃음 ❹ 매운
❺ 보들보들

27쪽

❶ 밤송이 ❷ 라면 ❸ 번개
❹ 보물 ❺ 설탕

28쪽

29쪽

• 올해 추석에도 외할머니
  집에 갔다.
• 도로에 차가 많아
  힘들었다.
• 가을바람에 나뭇잎들이
  살랑거렸다.
• 땅에는 도토리도 떨어져
  있었다.

30쪽

❶ 곤충 ❷ 봄 ❸ 소나무
❹ 책 ❺ 제비 ❻ 운동

31쪽

❶ 동글동글 ❷ 빙글빙글
❸ 해님, 바람

32쪽

❶ 거북이는 마음이
  착해서 참 좋습니다.
❷ 원숭이는 거꾸로
  매달리기를 잘합니다.

33쪽

❶ 염소
❷ 수컷은 할아버지처럼
  수염이 나요.
  화가 나면 딱딱한 뿔로
  들이받으며 싸워요.

36쪽

❶ 서영이
❷ 동화책을 찾으러 다녔다.
❸ 책가방, 침대

37쪽

❶ 좋아하는 것만 골라
  먹는다.
❷ 햄, 고기
❸ 음식을 골고루
  먹었으면 좋겠다.

38쪽

❶ 옛날 옛적에

❷ 바닷물이 짜게 되었다.

❸ 임금님, 궁궐

39쪽

임금님이 신기한 맷돌을 가지고 있었어요. 1	배를 탄 도둑은 '나와라, 소금!'이라고 외쳤어요. 3
도둑이 궁궐에 들어와 맷돌을 훔쳐 갔어요. 2	맷돌은 도둑과 함께 바닷속에 가라앉고 말았어요. 4

40쪽

❶ 떡국 ❷ 설날 ❸ 나이

41쪽

• **바람의 말** 바람을 세게 불면

• **해님의 말** 햇살을 따뜻하게 비추면

42쪽

• 오리발

• 두더지의 넓고 커다란 앞발을 본떠 만들었어요.

• 가시철조망

43쪽

• **중국** 두 팔꿈치를 잡고 허리를 굽혀 정중하게 인사합니다.

• **에스키모** 서로 뺨을 때리며 인사합니다.

44쪽

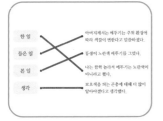

45쪽

❶ 물건을 쓰고 나서 꼭 가방 속에 넣어 두어야겠다.

46쪽

❶ 요술 부채

❷ 옥황상제가 나무에 묶여 있던 코를 풀어서

❸ 피노키오

47쪽

❶ 개구리 발자국

❷ 길다랗게 이어져 끝 간 데 모르기 때문에

❸ 아기 발자국, 개미 발자국 등

54쪽

❶ 막내 ❷ 나들이

❸ 할게 ❹ 열심히

❺ 날아왔다 ❻ 따뜻한

❼ 좋겠다

ㄹ교시 수학

58쪽

1	2	3	4	5
6	7	8	9	10
11	12	13	14	15
16	17	18	19	20
21	22	23	24	25
26	27	28	29	30
31	32	33	34	35
36	37	38	39	40
41	42	43	44	45
46	47	48	49	50

59쪽

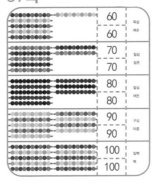

	60
	60
	70
	70
	80
	80
	90
	90
	100
	100

60쪽

53	54	55	56	57	58
62	63	64	65	66	67
77	78	79	80	81	82
95	96	97	98	99	100

61쪽

첫 번째 단서 54보다 1 작은 수 **53**	두 번째 단서 75보다 10 큰 수 **85**
세 번째 단서 61보다 10 큰 수 **71**	네 번째 단서 98보다 1 작은 수 **99**

62쪽

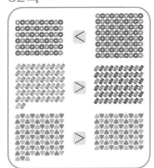

63쪽

5	10	15	20	25	30
2	12	22	32	42	52
90	80	70	60	50	40

64쪽

• 5 + 2 = 7

• 4 + 5 = 9

• 7 + 1 = 8

65쪽

• 9 − 4 = 5

• 7 − 3 = 4

• 8 − 5 = 3

66쪽

1 + 2 + 3 = 6

2 + 3 + 2 = 7

3 + 3 + 2 = 8

★ 정답

67쪽

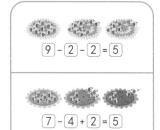

$9 - 2 - 2 = 5$

$7 - 4 + 2 = 5$

68쪽

$10 + 8 = 18$

$30 + 5 = 35$

$50 + 7 = 57$

69쪽

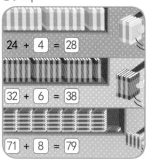

$24 + 4 = 28$

$32 + 6 = 38$

$71 + 8 = 79$

70쪽

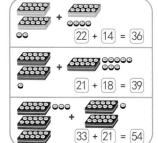

$22 + 14 = 36$

$21 + 18 = 39$

$33 + 21 = 54$

71쪽

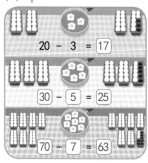

$20 - 3 = 17$

$30 - 5 = 25$

$70 - 7 = 63$

72쪽

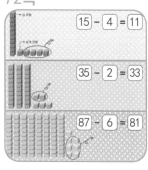

$15 - 4 = 11$

$35 - 2 = 33$

$87 - 6 = 81$

73쪽

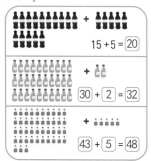

$30 - 20 = 10$

$64 - 21 = 43$

$73 - 12 = 61$

74쪽

$15 + 5 = 20$

$30 + 2 = 32$

$43 + 5 = 48$

75쪽

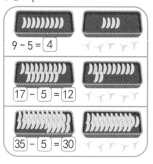

$9 - 5 = 4$

$17 - 5 = 12$

$35 - 5 = 30$

76쪽

❶ $15 + 2 = 17$
❷ $17 - 15 = 2$
❶ $23 + 6 = 29$
❷ $29 - 6 = 23$

77쪽

❷ $17 - 5 = 12$
❶ $23 + 2 = 25$
❷ $25 - 2 = 23$

78쪽

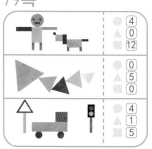

79쪽

4
0
12

0
5
0

4
1
5

80쪽 (예시)

81쪽

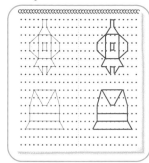

82쪽

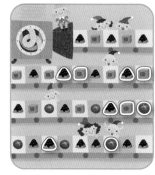

83쪽

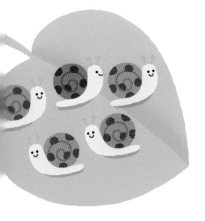

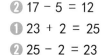
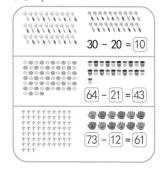

84쪽

85쪽

86쪽

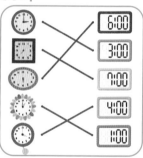

87쪽

88쪽

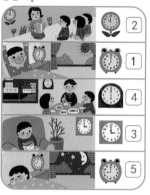

89쪽

90쪽

91쪽

92쪽

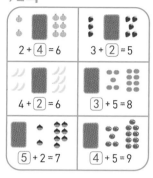

$2 + \boxed{4} = 6$

$3 + \boxed{2} = 5$

$4 + \boxed{2} = 6$

$\boxed{3} + 5 = 8$

$\boxed{5} + 2 = 7$

$\boxed{4} + 5 = 9$

93쪽

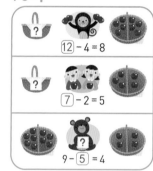

$12 - 4 = 8$

$\boxed{7} - 2 = 5$

$9 - \boxed{5} = 4$

94쪽

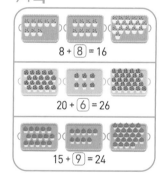

$8 + \boxed{8} = 16$

$20 + \boxed{6} = 26$

$15 + \boxed{9} = 24$

95쪽

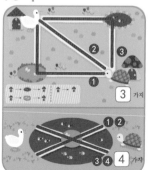

3교시 통합교과

98쪽

100쪽

102쪽

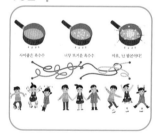

104쪽

107쪽

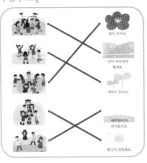

117쪽

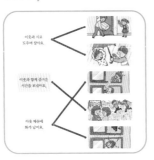

123쪽

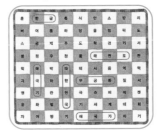

1 적다

2 모시고

3

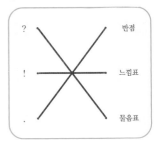

4 ③

5 ④

6 열심히

7 새근새근

8 맛있게

9 구름이

10 깨끗이

11 생글생글

12 ③

13 얼음

14 설탕

15 강아지

109쪽

120쪽

114쪽 (예시)

121쪽

116쪽

여쭈어 볼게요, 진지
드세요, 감사합니다,
안녕히 가세요, 연세가
어떻게 되세요?, 성함이
어떻게 되세요?, 안녕히
주무셨어요?,
축하 드립니다.

122쪽

**바람이 불어서 움직인
것** – 기구, 연, 바람개비,
돛단배, 빨래, 나뭇잎

125쪽

(illustration)

126쪽

(crossword puzzle)

127쪽

16

17 ①

18 은행잎

19 ②

20

그	동	안		안	녕	하
셨	습	니	까	?		

수학 │총괄평가

1 70

2 100

3 56, 58

4 80보다 1 작은 수 – 79
　 70보다 1 큰 수 – 71

5 ❶ 35 < 39
　 ❷ 61 > 58

6 70, 65, 55, 50

7 ❶ × 　❷ ○
　 ❸ ○ 　❹ ×

8 3 + 2 + 2 = 7

9 ❶ 6 　❷ 2

10

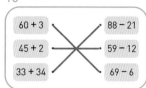

11 15 + 4 = 19
◈의 수 19 – 4 = 15

12 23

13

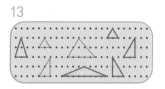

14 3, 1, 2

15

16

17

18

19

20 2

집필해 주신 선생님

● 국어 정명숙 선생님

서울교육대학교를 졸업하고 명지대학교 대학원 문예창작학과를 수료했습니다.
펴낸 책으로 동화집 〈똥개도 개다〉, 자녀 교육서 〈초등 1학년 만점 학부모 되기〉 등 다수가 있으며 포스트모던
한국문학예술상, 논술 부문 환경부 장관상 등을 수상했습니다. 한국어문능력개발원 교육 이사, 사립 초등학교
독서록 편집위원으로 활동했습니다.

● 수학 장윤영 선생님

단국대학교에서 수학교육학 박사 학위를 받았습니다. 2008년 제7차 개정 수학 교육과정 1학년을 집필하였고,
2008년부터 서울 강서교육청 수학 영재 지도 교사, 전국 수학 교사 모임에서 활동했습니다.

● 통합 교과 송인하 선생님

인천교육대학교를 졸업했습니다. 2009년 인천광역시 우리들은 1학년 현장 검토 위원으로 활동했습니다.

● 통합 교과 정은영 선생님

청주교육대학교를 졸업하고 한국교원대에서 초등 과학교육학 석사 학위를 받았습니다. 1997년부터 과학 교사
모임 '늘빛 초등과학연구회' 활동을 하면서 매년 산간벽지학교 아이들에게 무료 과학 캠프를 열었습니다.
〈똑똑 과학반〉 등 다수의 책을 감수하였습니다.

초등학교 선생님이 알려 주는 똑똑한 입학 준비
❷ 실력쑥쑥 1학년

개정 1판 1쇄 2013년 1월 7일 개정 2판 1쇄 2020년 9월 14일

글 정명숙, 장윤영, 송인하, 정은영 **그림** 김복화, 민유경, 김설희

발행인 이재진 **도서개발실장** 조현경 **편집인** 이화정 **책임편집** 최순영 **편집** 조현민 **표지디자인** 이수현
본문디자인 오월의 디자인 **마케팅** 이현은, 정지운, 양윤석, 김미정 **제작** 신홍섭

펴낸곳 (주)웅진씽크빅 **주소** 경기도 파주시 회동길 (주)10881
주문전화 02)3670-1191, 031)956-7325, 7065 **팩스** 031)949-0817 **내용문의** 031)956-7454
홈페이지 wjbooks.co.kr/WJBooks/Junior **블로그** wj_junior.blog.me
페이스북 facebook.com/wjbook **트위터** @wjbooks **인스타그램**@woongjin_junior
출판신고 1980년 3월 29일 제 406-2007-00046호 **제조국** 대한민국

ⓒ 웅진씽크빅 2011, 2013, 2020
ISBN 978-89-01-15375-9 · 978-89-01-15373-5(세트)

 책을 읽는 새로운 경험, 웅진북클럽
구글 플레이와 앱 스토어에서 '웅진북클럽 체험판'을 다운 받으세요.

 다운로드하기 Google Play

 App Store에서 다운로드 하기

·Android, Google Play 및 Google Play 로고는 Google Inc.의 상표입니다.
·Apple 및 Apple 로고는 미국과 그 밖의 나라에 등록된 Apple Inc.의 상표입니다. App Store는 Apple Inc.의 서비스 상표입니다.